読むだけで龍神とつながる本

日本ペンクラブ（国際ペン）正会員
日本文藝家協会正会員
林　雄介

青林堂

はじめに

あなたは龍という存在を知っていますか？　漫画とアニメの『ドラゴンボール』には神《シェン》龍《ロン》というどんな願い事でも3つ叶えてくれる龍が出てきます。**龍はどんな願い事でも叶えてくれるのです。**

最近のスピリチュアル・ブームで、簡単に龍に守護をして貰えると書かれているお手軽な龍の本が大量に出版されるようになりました。

私の過去の5冊の青林堂の著作、『大開運』、『大幸運』、『あなたもなれるライトスピリチュアリスト入門』、『先祖供養で運勢アップ』、『読むだけで神になれる本』には、龍の詳しい解説は書きませんでした。

なぜなら、龍は扱い方を間違えれば、命を奪われる危険な存在だからです。

龍を動かすということは、「あなたのお部屋でライオンを飼いましょう」と奨めていることと同じです。あるいは、台風や竜巻を自宅に招き入れるようなものです。

それでは、なぜ龍の本がお手軽に売られているのでしょうか？

それは、著者自身が本物の龍に会ったことがないからです。

龍は、個人が扱える生き物ではありません。恐竜を家で飼おうと思わないでしょう？白蛇等は、個人レベルの現世利益を与えることが出来ます。宝くじが当たりました。**競馬に当選しました系の御利益は、蛇神《だしん》が与えています。**

龍は、国を動かすとか、大企業の経営戦略を立てるとか、個人を超えたレベルでご利益を与える存在です。**また、本物の龍があなたを守護したとしても、特にご利益を実感することはありません。**

『ドラゴンボール』でも死者を生き返らせるとか、世界征服とかその手の願いを叶えるために神龍は呼び出されます。

龍が、日照りの時に雨を降らせたという伝説があります。**龍は、スケールの小さい願い、会社員の給料をアップさせるとか、縁結びをするとか、売り上げを100万、1000万円単位でアップさせるのは苦手です。**なぜなら、そんなことを龍に頼む人がいなかったからです。

スピリチュアル・ブームで一般人が、気軽に龍に願掛《がんか》けをするようになったのは、2000年以降のことではないでしょうか？

龍への願掛けは、生きるか死ぬかの時にするものです。

個人の願望成就は、江戸時代に村の鎮守《ちんじゅ》と呼ばれていた小さなコミュニティー単位の産土《うぶすな》神社やあなたを守護する高級先祖霊の守護霊の方が得意なのです。

では、なぜ龍に守護をされていると思い込んでいるスピリチュアリストがいるのでしょうか？　最近は、ネットや本で、自分は龍に守護されていると言っている人をたくさん見かけます。

結論から書くと、この人達を守護しているのは、龍ではなく、角の生えた数メートルの蛇の霊です。**龍と蛇神と龍蛇《りゅうだ》の区別がついていないのです。**

龍《りゅう》蛇《だ》や蛇神《だしん》、蛇の霊は龍ではありません。

龍蛇は、数メートルから数十メートル、場合によっては数百メートルの大きさの角が生えた蛇神《だしん》です。龍は、大まかには神龍、龍神、龍、自然龍の4種類。蛇は、龍蛇、蛇神、蛇の3種類に分かれています。龍蛇《りゅうだ》が進化をすれば龍になります。

ほとんどのスピリチュアリストは、神様が管理していない野良の龍蛇《りゅうだ》を龍と勘違いしているのです。

龍が一般人を守護することは、絶対にありません。龍が守護をしているのは、政財界人や社会的影響力を持っている人、学者、医者等です。芸能人や文化人も守護しています。

龍が守護をしているかどうかのわかりやすい判断基準の1つが、職歴と学歴です。

本物の龍が守護をしていたら、わけのわからない霊能者やスピリチュアリストにはなりません。

さらに、龍は、良い龍と悪い龍が存在します。

神様が管理をしているのが良い龍です。神様が管理をしていない、野良の龍、野良の蛇もいます。

白蛇は金運を呼び込みます。けれど、簡単に祟ります。蛇も龍も人を祟るのです。繰り返しになりますが、大切なことなのでもう一度、しつこくまとめます。今まで、龍について説明をしなかった理由は、2つあります。1つ目は、龍は一身上の小さな願いを叶えるのは苦手です。2つ目は、扱い方を間違えると危険な存在だからです。

危険な存在なので興味を持たせないように龍について、解説をしないようにしてきました。けれど、間違った龍の情報がネットや本にあふれているので、正しい説明をした方が安全だと思い、この本を出版することにしました。

龍も白蛇等の蛇神《だしん》も扱い方を間違えれば、あなたを不幸にします。龍は、出世運や金運を与えてくれます。病気治しも得意です。しかし、簡単に守護をしてくれません。この本を手にしたということは、あなたは龍に興味があると思います。

この本では、巷《ちまた》のスピリチュアリストが龍だと信じているランクの低い龍蛇《りゅうだ》ではなく、本物の善龍や白蛇に安心・安全に守護をしてもらう方法を解説します。

龍や白蛇、金蛇等の眷属《けんぞく》は神様ではありません。神様の家来です。眷属《けんぞく》の龍や白蛇は、人間の世界で暮らしています。そのため、金運や病気治し、縁結び等の願望成就《がんぼうじょうじゅ》には、絶大な効力があります。

努力をして、スキルアップし守護霊にきちんと守護をしてもらえば、お金、病気、縁結び（結婚）、進学、就職のことはなんとかしてくれるという基本は変えません。けれど、龍や白蛇に守護をしてもらい金運、出世運、恋愛運を貰う方法をこの本では説明します。

ご利益だけ欲しいと言う人も問題です。けれど、龍や白蛇の現世利益も神仏を信じる方便《ほうべん》として、大切なのです。この本は、お金のことや健康問題、人間関係、結婚、様々な悩みを抱える人のための神仏習合型《しんぶつしゅうごうがた》の現代密教の本でもあります。人々の欲望を否定する仏教の中でも密教は、現世利益を否定しません。神社の神々も、現世利益そのものを否定しません。**なぜなら、人間が生きていくにはお金も健康も、縁結びも必要だからです。**

問題になるのは、利己的に、強欲に生きる人になってしまうことなのです。そのことを頭に入れて、この本を読んで龍や白蛇の絶大なる加護を体感して幸せになってください。

林　雄介

目次

第3章　驚くほど龍神に守護してもらう秘伝

第4章　気さくに白蛇に守護してもらう方法

○千と千尋の神隠しの龍
○龍や蛇の引越し先を作らなければいけない
○御利益のある眷属は闇金以上の暴利
○不倫や二股は悪蛇に憑依される
○龍は地球より大きい
○大きな目標を持って祈ろう
○宇宙スケールの目標を持とう
○龍を愛していますか？
○龍と蛇のグッズを集めよう
○白蛇は正しく使えばあなたを幸福にします
○龍に憑依されて不幸にならない方法
○蛇を祀ってあるパワースポットに行くと不幸になる
○金山彦《かなやまひこ》の神様は神龍になる
○熱田神宮の龍神も金運のアイデアをくれる
○弁財天は天下統一の神様

第7章　龍や白蛇があなたを守護する開運守り

第1章

龍はあなたを大金持ちにできる！

○あなたに現世利益を与えてくれる龍神や白蛇

龍神や白蛇、金蛇等は、モロに現世利益を与えてくれます。なぜ、この本で龍神や白蛇に守護される方法をお伝えするのでしょうか？

『大開運』等の私の開運本では、龍や白蛇等の眷属《けんぞく》に直接、願望を伝えない方が良いと教えてきました。眷属《けんぞく》は神様の家来です。

龍や白蛇は、家来であって、神様そのものではありません。

龍や白蛇に興味がある読者は、まず、このことを覚えておいてください。**龍や白蛇をあなたが動かすポイントは、1点目、龍も白蛇も神ではない。2点目、龍や白蛇は神様の家来であるということです。**

私達、人間が暮らすこの世は物質世界のある3次元世界にあります。眷属《けんぞく》の龍や白蛇は、4次元世界の生き物です。あなたを守護する守護霊や先祖霊、死後の世界である霊界も4次元世界の存在です。4次元世界の存在は、現実世界に直接、影響を与えることが出来ます。

神様は5次元世界以上の世界にいます。次元が高くなるほど、レベルが高い神仏が暮らしています。この宇宙を作った宇宙創造の絶対神は、10次元、100次元といった超高次元世界に存在しています。絶対神は、無限の次元世界におられるので、人間が知覚することは出来ません。

私が絶対神と呼んでいる存在も、人間が知覚できるように絶対神がレベルを下げて降臨《こうりん》して来た存在です。ですから、絶対神の本体ではありません。

龍の本でいきなり宇宙創造の絶対神の話が出て来て驚いた方もいると思います。

龍を動かす、龍に願いを聞いてもらうには、宇宙や神、地球や龍を創った絶対神の存在を知ることからスタートするのです。

最近は、スピリチュアル・ブームで龍に守護される本がコンビニ等でも売られています。龍や白蛇等の眷属《けんぞく》は、危険だから祈るなと注意をしても、現世利益がある龍神や白蛇等に願掛《がんか》けをしたい読者は、忠告を無視して願掛けをするでしょう。

そうであれば、きちんと正しい安全な願掛けの方法を教えた方が安全です。けれど、ネットや本で知識を持って、龍や白蛇を祀り、崇《たた》られて祓って欲しいと頼みに来る方がいます。

龍や白蛇は、神様ではありません。霊界の生き物です。**はっきり書くと、崇《たた》ります。**頼み方や祀り方を間違えると一生結婚できない祟り、一生貧乏になる祟り、そして、一番、タチが悪い悪蛇は人間を殺そうとします。また、龍の場合、本気で祟られたり、怒りをかうと死にます。今までの本で紹介した神仏や守護霊は、絶対に祟りません。

守護霊は、あらゆる人間に最低1人ずつ守護している高級先祖霊です。

あなたにも、最低1人は守護霊が守護をしています。守護霊は、守護する人間が失礼な態度を取っても、祟りません。けれど、龍や蛇、眷属は祟ります。**特に、パワーが強い龍は人を簡単に殺せます。**現世利益が強い存在ほど危険なのです。

○神様の代わりに願いを叶える龍や白蛇

神様は、病気を治したり、金運を与えたり、縁結びをしてくれません。

なぜなら、超多忙だからです。神社の神様は、地域の経済や災害から人を守る存在です。受験合格、商売繁盛、縁結び、病気平癒《びょうきへいゆ》、こうした一身上の小さな願いを叶えるのは、守護神や守護霊、先祖霊の仕事です。選挙の祈祷は、国会議員や知事選挙は、産土《うぶすな》神社の神様が動くこともあります。なぜなら、地域全体の住民生活に関わることだからです。

神様が直接、動くのは、何万、何十万、何百万人の生活に影響を与えるケースです。個人の人生は、神様ではなく守護神や守護霊、先祖霊に守護を任せています。

では、神社にお参りすることは無意味でしょうか？　そんなことはありません。

人間を直接、守護することはありませんが、守護霊に効果的な守護のやり方を教えます。

また、縁結びの場合は、好きな人の守護霊とあなたの守護霊の話し合いをさせることも出来ます。

けれど、通常は神社の神様は忙しいので家来の眷属に仕事を任せているのです。

○龍神や白蛇はオールマイティーに守護してくれる

龍神や白蛇、金蛇、青蛇等の蛇神は、神社の神様の眷属です。お寺にも龍や蛇がいます。

龍神や蛇神は神様の眷属だったり、神仏が化身した龍だったり、神仏に化身できる龍や白蛇だったりします。龍や蛇は、いくつかの種類があるのです。

龍や白蛇は、病気治し、入試合格、商売繁盛、延命長寿、縁結び、金運、何でもできます。ただし、龍や蛇の方が人間よりも力が上なので、祀り方を間違えると殺されるのです。

龍や蛇神には、人を殺す力があります。

だから、直接、願い事をしない方が良いのです。では、龍や白蛇に守護してもらう本という、この本は詐欺《さぎ》なのでしょうか？　違います。**この本は、神仏や守護霊の力を借りて、安心・安全に龍や白蛇に守護してもらう方法を書いた本なのです。**

龍や白蛇を動かすことができる神仏や守護霊がいます。自分で龍や白蛇を動かすのではなく、神様や守護霊にお願いして動かしてもらうのです。**これが、祟られないで龍や白蛇を動かす安全な唯一の方法なのです。**

○龍や白蛇は宝くじを当選させることが出来る

白蛇には予知力があります。日本酒と卵を大量にお供えして真剣に頼めば、夢で当たり馬《ば》券《けん》やTOTO、宝くじの当選番号を教えてくれます。パチンコでも勝たせてくれます。白蛇は、守護霊と違い、あなたが将来的に幸せになれるかを考えません。**考える知恵もありません。**他の本で私は、宝くじを当ててくれる神はいないと書きました。宝くじを当ててくれる神様はいません。しかし、眷属《けんぞく》は当ててくれます。

それでは、どうやって白蛇は、宝くじを当てているのでしょうか？　願いを叶えるには、幸せポイント、善徳《ぜんとく》が必要です。善徳というのは、あなたが前世と今世で蓄《たくわ》えた人を幸せにした運の貯金です。

白蛇や眷属は、あなたやあなたの家族が持っている幸せポイントを使って、願いを叶《かな》えているのです。人によっては、運気が残っていない人もいます。酒びたりのギャンブル三昧《ざんまい》の人の運気はほとんどありません。そこで、その人の寿命や子供や親、兄弟の幸せポイントを奪って宝くじを当てるのです。白蛇や眷属《けんぞく》は、本人だけではなく家族の幸せポイントも奪います。『大開運』等の私の本で、**絶対に眷属に直接、願い事をするなと注意をしている理由は、あなた自身の幸せポイントを奪うだけではなく、あなたの家族を巻き込み不幸にするからです。**

神仏は、あなたの家族を巻き込みません。眷属は、あなたの家族を巻き込みます。願い事をした本人が不幸になるだけなら自業自得《じごうじとく》です。けれど、無関係な家族も巻き込むのです。眷属のこうした性質を知っていれば、無責任に龍に頼めとか、白蛇を祀れといった本を出さないはずです。

龍や蛇の生贄《いけにえ》の伝説は、霊界の龍や蛇の性質を伝えているのです。龍や蛇は、本人だけではなく周囲の人間の命を奪いますよという警告です。

幸せポイントが減れば、寿命が削られます。寿命を奪われれば、宝くじが高額当せんをしても銀行で換金《かんきん》した帰りに交通事故で死ぬのです。

○想念術の宇宙エネルギーの正体は蛇神

引き寄せの法則や想念術、宇宙エネルギーもあなたやあなたの家族の幸せポイントを奪います。引き寄せの法則や想念術の元ネタは、インドの神智学《しんちがく》です。**引き寄せの法則、宇宙エネルギーで願いを叶える、想念術等はインドの蛇神《だしん》を使った白魔術です。**

そのため、願いが叶っても幸せポイントを使い果たして不幸になるのです。白魔術も黒魔術も、使えば必ず地獄に落ちます。欲望を魔術で叶える事は罪なのです。**キリスト教が蛇や龍を悪魔と考えるのは、これが理由です。**欲深い人間は死後の霊界では、蛇の姿になって地獄に落ちていきます。願いが叶えば、幸せになれるわけではないのです。

○お金持ちになって人を幸せにするのが素晴らしい生き方

しかし、人間の欲望を否定すると生活していけません。生きているだけでも食費がかかります。自給自足で生きようとしても、土地を持っていれば固定資産税を徴収《ちょうしゅう》されます。**日本で生活していく以上、お金が必要なのです。**

読者の中にも仙人願望や世捨て人願望がある人がいます。中国では竹林の賢者のように、晴耕雨読《せいこううどく》で生きた人達がいます。けれど、中国の仙術《せんじゅつ》の有名な著作である『抱朴子《ほうぼくし》』の作者の葛洪《かっこう》が知事クラスの官僚であったように、多くの仙人や世捨て人は、官僚か元官僚です。何らかの形で収入源が確保されている公務員だから清く正しく生きていけたのです。天才軍師である諸葛孔明《しょかつこうめい》も、地方の名士として晴耕雨読の生活をしていたのです。学問があり、文字が読める知識人階級は、特権階級出身です。お釈迦《しゃか》様や達磨大師《だるまたいし》も王族です。

欲望を否定せずに、欲望をコントロールして生きれば良いのです。過度な金銭欲は、あなたの人生を破滅させます。**しかし、お金がなければ生きていけません。**この本も買えません。勉強するのにもお金が必要です。

もちろん、賢くお金を使うためには、知識が必要です。お金持ちが豊かになるわけではありません。**努力家で賢く徳がある人が豊かになるのです。**

兵庫の西宮神社には、海老で鯛を釣る恵比寿《えびす》様が祀られています。海老も鯛と同じくらいの値段です。**鯛という大物を釣るには、お金も時間も忍耐力も必要なのです。**

龍や白蛇に守護してもらい、まず、スキル・アップのための種銭《たねぜに》を貯めてください。**龍や蛇を使いこなすということは、自分や他人の欲望をコントロールできるということなのです。**

この世で幸せに生き、あの世でも幸せに生きるには、龍や蛇を使いこなす必要があるのです。**無欲に生きて貧乏に苦しむべきではありません。**貧乏で苦しむのは最低の生き方です。**お金があってもなくても、幸せに生きられる人が素晴らしい人なのです。**そのためには、学問が必要です。そして、もっと素晴らしい人はお金持ちになって、社会のために貢献できる人です。神仏は、そのことを理解しているので龍や白蛇に化身して人間を守護するのです。**神仏は龍や白蛇に化身して、守護する価値がある人間の守護をします。**

神仏は祈れば、守護をしてくれるわけではありません。守護をする価値がある人間だけを守護するのです。**神仏や守護霊にきちんと守護をされていない人は、守護をする価値がない**

生き方をしているのです。

○縁結びは龍や金蛇に頼めば100％叶う

地獄に落ちても良いのであれば、引き寄せや想念術に力を与えている西洋やインドにいる蛇神《だしん》に頼めば、どんな願いでも叶えてくれます。ただし、蛇は、色や姿、働きがわからないと呼べません。

蛇神《だしん》の色、姿、働きを正確に教えると、試す人が私の経験上、1％ぐらい必ずいます。そこで、正確な姿や色は教えません。

この本で、安全なやり方を教えるので、正しく龍や蛇に守護してもらって欲しいと思います。出来れば、『大開運』（林雄介、青林堂）等の私の他の本も読んで、永続的に開運する方法を知ってください。基本は、スキル・アップと人を幸せにする徳積みの実践です。

御利益だけを祈ると不幸になるのです。一時的に商売は繁盛します。けれど、幸せポイントがなくなり、子孫が放蕩《ほうとう》をして、商売を潰すのです。

子孫や自分の死後のことを考えたら、正しい願望成就の仕方があることに気がつくべきなのです。

○龍神と白蛇の御利益の違い

龍はマクロの御利益を与えます。白蛇はミクロの御利益を与えます。

龍神の守護は、国の守護、巨大自動車会社の守護をして日本の基幹産業である自動車産業と雇用を守るとか、大きな話です。ただし、龍には、致命的な弱点があります。**守護のレベルが大きすぎて、自営業や零細企業《れいさいきぎょう》、中小企業の守護が苦手なのです。**

ただし、神の化身の神龍《しんりゅう》や位が高い器用な龍神は、中小企業や自営業の守護をすることも出来ます。

白蛇は、大きなことはわかりません。政治や経済、国際情勢のことは理解できません。そのため、国の守護や大企業の守護はできません。**大きなことは龍神に、小さなことは白蛇に頼むのが賢い頼み方です。**

○願い事の規模で頼む神様を変える

市町村議員や中小企業の経営者は、白蛇に頼むべきです。**国会議員や知事は、龍神に頼むべきです。国や都道府県のことは龍、国会議員の事務所の経営は白蛇や守護霊に頼みます。**万単位の人、数十万、数百万単位の人の幸せは、龍神に頼みます。数千万単位の人の幸せは、神に頼みます。**人類の幸せは、宇宙を創った絶対神に頼みます。**日本人全体の幸せまでなら、天照大御神《あまてらすおおみかみ》が守護を出来ます。人類全体の幸せは、キリスト教徒もユダヤ教徒もイスラム教徒も、無神論者もいます。ですから、宇宙と神そのものを作った絶対神に頼みます。

ヤーヴェもアラーも絶対神の化身であり一部です。しかし、人間が知覚できる名前や姿、働きがある神は、絶対神そのものではありません。絶対神そのものが特定の宗教の主祭神《しゅさいしん》になると宗教紛争が起こるので直接、宗教の最高神として降臨《くんりん》することはありません。絶対神は、人間に理解できません。知覚もできません。何も言いません。**人間が理解することが可能で、知覚が出来たらそれは絶対神ではありません。**

絶対神が、意見を言えば、神々も逆らえません。ですから、絶対神は何も言いません。**宇宙のルールだけを決めたのです。**あとは、最高神やヤーヴェやアラーや大日如来や天照大御神に任せてあるのです。

絶対神と最高神、神々のことを学び、絶対神と神々によく祈って、龍神や白蛇を動かしましょう。

龍神も絶対神の化身の最高神が作った生き物です。白蛇も絶対神の化身の最高神が作った生き物です。人間も絶対神の化身の最高神が作りました。

エジプト神話、北欧神話、ギリシア神話、中国神話、古事記等を読むと最高神がたくさんいることがわかります。最高神はたくさんいるのです。絶対神は、無限に化身できます。また、神々を創造する事も出来ます。**絶対神は、神様も無限に増やすことが出来るのです。**

○天照大御神は日本神界のトップ

天照大御神は、日本神界のトップです。天照大御神は、最高神である伊邪那岐《いざなぎ》と伊邪那美《いざなみ》の子供です。日本神界の最高責任者が天照大御神です。けれど、その親神《おやがみ》は別におられるのです。トップが全部やらない方が良いのです。

天皇制や英国国王と同じです。君臨すれど、統治せずです。天皇陛下は、日本教の祭司長です。日本教というのは、神仏習合した多神教です。

日本では、一神教は信者が増えません。多神教の神仏が守護をしているからです。実際には、一神教のキリスト教もミカエル天使、ガブリエル天使、ラファエル天使のように天使がいます。

一神教の神も全てをやるわけではなく、天使が神の代わりに働いているのです。一神教における眷属《けんぞく》が天使なのです。

○龍を祀る神社と龍神伝説

神奈川県には、江島神社があります。観光地としても有名です。

江島神社には悪さをしていた五つの頭を持つ五頭龍を弁財天が改心させて人間を守護させているという伝説があります。

同じく神奈川県の観光地に箱根神社があります。箱根神社は、高僧に調伏《ちょうぶく》された九頭龍《くずりゅう》が祀られています。箱根神社の周辺には白龍神社もあります。西武グループの元総帥の堤義明氏や堤康次郎元衆議院議長が早稲田大学OBなので、西武グループの本拠地の箱根は、早大のサークル合宿でよく使われています。小田急ロマンスカーで新宿から箱根湯本まで1時間40分です。大学時代はサークルの合宿や近場の旅行で箱根神社に参拝していたので、私にはあまり新鮮味《しんせんみ》がありません。**近場の神社は、新鮮味がなくなってくるのです。私は愛知の熱田神宮、奈良の大神神社《おおみわじんじゃ》、伊勢神宮には良く行くので新鮮味がありません。**

九頭龍神社は、西武の敷地の中にあります。参拝客が増えたので、本殿の横に新九頭龍神社が作られました。**九頭龍神社は、パワースポットとして有名になりすぎて新宗教や霊能者、スピリチュアリストと独身女性の聖地化しているようです。**箱根神社は、神様も龍神もいます。けれど、欲望まみれの人が大量に来るので、マイナスの邪霊も大量にいます。強欲な人や利己的な人が参拝すると邪霊に憑依《ひょうい》されるのです。無私無欲《むしむよく》になる人生の修行をしてから参拝をした方が良いと思います。

諏訪大社は長野県にあります。主祭神が、龍の化身という伝承があります。諏訪大社や周辺の山や湖には龍がいます。長野県の諏訪大社の神様の伝説があります。諏訪の神様が、龍に化身して出雲の神々の会議に出席しました。頭は出雲に到着しました。けれど、尻尾は長野県の諏訪湖にありました。

あまりにも、デカすぎるので会議の結果を知らせるので、神在月《かみありづき》の会議に参加しないで欲しいと神々に懇願《こんがん》されたという伝承があります。また、諏訪大社には、龍や蛇を眷属《けんぞく》にしているという伝承もあります。

根性がない人は、諏訪大社でお願いすると龍が守護をしてくれるので根性がつきます。

長野県の戸隠《とがくし》神社《じんじゃ》も九頭龍を祀っています。日本中に、九頭龍伝説があります。九頭龍というのは、頭が９つある龍のことです。頭が多い龍は、働きがたくさんあるのです。龍の首の数が多いほど功徳が多いと考えて良いと思います。

九頭龍伝説は、祟り神だった龍が多いのです。これは、龍に直接、祈るなという教訓を残すために悪龍伝説が作られたのでしょう。

神様がいる神社なら１００％、龍はいます。神様がいる神社なら、龍神と白蛇は必ずいます。弁財天が祀られている神社も、必ず龍神と白蛇がいます。

○神龍は神の化身エネルギー

神龍《しんりゅう》の正体とは何なのかを説明します。神様は次元が高い世界にいます。人間は、3次元世界で暮らしています。**人間を救済するために、5次元世界や4次元世界で龍の姿に化身して、神仏が出てきたのが神龍です。龍というエネルギーで神様が現れて救ってくださるのです。これを神龍《しんりゅう》といいます。**龍神は、龍が修行して龍神になる場合と、神仏が化身して龍神として現れるパターンがあります。また、龍神に化身できる超高級霊もいます。区別をするために、神様の化身の龍神を神龍と呼ぶことにします。

あらゆる神仏は、必要があれば神龍になることができます。神仏に守護されることが、神龍に守護される条件です。**神龍はエネルギーであり、神仏の化身です。**

龍や白蛇は、知性のある自然エネルギーです。神龍と龍神、龍や白蛇は全く別の存在です。神龍は絶対に祟りません。**龍神も修行をして神様になった龍なので祟りません。**龍や蛇は、水や森等の自然エネルギーが長い年月の間に4次元世界で意識をもって龍や蛇になった存在です。ですから、神仏ではありませんし祟ります。

○日本が危機の時に出てくるのが神龍

神話では、豊玉姫《とよたまひめ》や玉依姫《たまよりひめ》も正体は龍神という伝承があります。豊玉姫や玉依姫も龍に化身できます。**基本的に全ての神様が、龍にも蛇にも化身することが出来ます。**大分県の宇佐八幡の八幡大神は、八幡大菩薩として仏に化身して東大寺の大仏建立を守護しました。龍だけではなく、仏にも神社の神様は化身できるのです。

仏教が日本に入ってくる前は、神社の神様が龍神や白蛇に化身して現世利益を与えていたのです。もちろん、眷属《けんぞく》の龍や白蛇も御利益を与えていました。仏教伝来で、4次元世界の救済は仏や眷属の龍や蛇に任せてあるので、神社の主祭神様が神龍《しんりゅう》に化身することはほとんどありません。

神社の主祭神が人間を救済するために、化身されたのが神龍です。神様は、必ず龍に化身することが出来ます。ただし、国が崩壊するレベルの危機が訪れない限り、神龍は出てきません。**神龍は、元寇《げんこう》に神風を吹かせた日蓮のような本物の聖人にしか動かせません。**八幡大神になった応神天皇や明治神宮に祀られている明治天皇のように、日本がやばい時に天皇をやっていた方々は神龍を動かすことができます。国の滅亡の危機の時に現れるのが神龍です。**無私無欲に日本人全ての救済を生涯、祈り続ければ神龍は守護してくれます。**

○太平洋戦争は神仏が守護していて負けた

神龍は、日本が滅亡の危機にあるときに現れると書きました。この話を書くと、じゃあ、太平洋戦争の時には神龍は守護しなかったのかという疑問を抱《いだ》く人もいるでしょう。戦争は勝った方が良い戦争と、負けた方が良い戦争があるのです。日清戦争、日露戦争に日本は勝っています。特に日露戦争は、国力差がありすぎたので神仏が全力で守護しなければ負けていたでしょう。

日本は、太平洋戦争に負けたから、経済大国になれたのです。太平洋戦争に勝ったら、ヒトラーのナチスと核戦争をやることになったはずです。あるいは、核保有国として旧ソ連と冷戦をやっていたかもしれません。敗戦で、日本の身分制度がなくなり、自由が保障されたのです。**しかし、同時に、日本では物質文明が繁栄し、神仏を敬《うやま》う心が弱まり、神仏の守護は弱くなっているのです。**

それでも、日本の経済発展を神仏が望まれたのです。**人間に都合よく神仏が動くことはありません。**未来がわかるので、負けた方が良いと判断されたら、戦争に負けさせるのです。経済発展の次は、文化が発展します。また、スピリチュアル・ブームで神仏を拝む人が増えてきました。最初に経済を発展させないと精神文明や文化を発達させられないのです。

○龍が守護する人になろう

龍が修行をして、神様から神の位を貰った存在を龍神といいます。龍は、生まれた時は神ではありません。生まれながらの龍神は存在しません。自然エネルギーから龍は誕生するのです。**龍は、湖から生まれたり、森から生まれるのです。**湧《わ》き水があるところも何百年も経《た》てば龍が生まれます。**意思を持った大自然のエネルギーが龍なのです。**

木々の伐採《ばっさい》は、龍の住処《すみか》を奪うことになります。環境破壊は、絶対にダメです。綺麗な水、綺麗な山、森がないと龍は生きていけません。水を汚染しないこと。山にゴミを捨てないこと。過度な開発をしないことが、**持続可能な龍の生息のために大切です。**

環境破壊を神は怒りません。別の本では、環境が破壊されても神は困らないと書きました。神は困りません。人間は地球温暖化で北極圏の氷が溶ければ東京が水没します。砂漠化で農産物が取れなくなれば、食糧危機が起こります。龍の本に経済や政治、スキル・アップの話を書くなと思う読者もいるでしょう。

龍は、政治や経済を守護します。社会を守護するのが龍です。こういうレベルの話が理解できない人を龍は絶対に守護しません。龍の本だから、書いているのです。スピリチュアリストが龍を動かせない理由は、政治経済の体系的知識がないからです。

幅広い政治経済の知識のある人を龍は守護するのです。政財界人や国会議員や知事で、日本のことを真剣に考えている政治家は龍が守護しています。**守護霊や守護神や総産土神社の神様や天照大御神が龍を連れてきて、守護させるのです。**

龍は、地位が高い人を守護するのではなく、**日本や世界のことを真剣に憂《うれ》い、幅広く学んでいる人を守護するのです。**これが、外交官や国際公務員になると天使が加わります。

話を戻すと環境破壊を龍は怒ります。白蛇も怒ります。神仏は、森や湖がなくなっても帰る神界があります。神社やお寺を壊されても、神仏は祟りません。**しかし、龍や白蛇は地上で生まれたので帰る場所がありません。**修行して龍神になっていれば、別の場所に住んだり、神界に行く事ができます。普通の龍や白蛇は、神社や寺を壊されると行く場所がないのです。

明治時代、政府は廃仏《はいぶつ》で寺院を壊しました。神社は統廃合で壊されました。1自治体に1つの神社にするために、統廃合を行いました。

いきなりあなたの家を壊して、今日からこの町内の人は1つの家に住んでくださいと言われたらあなたはどう思いますか？　そう、神社の統廃合をされたり、お寺を壊されたことを龍も白蛇も激怒《げきど》しているのです。

神社やお寺は、鎮守《ちんじゅ》の森を残して、龍が生活できるようにしないと眷属《けんぞく》が住めなくなるのです。

また、龍神にもランクがあります。最高位は、神社の神様と同じです。神龍と龍神の違いは、元々が神様だったものが神龍です。龍が修行して神になったのが龍神です。龍神には、簡単にはなれません。**龍神は、神社の主祭神として神社の責任者になることができます。**

○龍に理解できるように祈ること

龍は、神様ではありません。人間のことを詳しく知っているわけではありません。**龍は、**

スマホやアプリのことはわかりません。アプリの開発者が売れるアプリを開発させてくださいと祈っても龍にはわかりません。

あなたを守護している守護霊も江戸時代の高級霊です。死んでから10年、20年で守護霊にはなれません。

超偉人や超聖人が特例で守護霊をやっている場合は、死後、10年、20年しか経過していません。これは、限りなく神に近い人間です。超レア・ケースなので、基本的には、守護霊は明治時代と江戸時代前後の人です。**守護霊も龍も、現代のことを知りません。**白蛇はもっと知識がありません。祈りに来た人間の説明を聞いて、学習するのです。

龍や白蛇に理解不可能なことを人間が祈りに来た場合、神社の神様が教えているのです。

しかし、神様は忙しいので、いちいち龍や白蛇に人間の願いの内容を解説してはくれません。

神社にお参りをしても願いが叶わないことがあるのは、きちんと説明ができていないのです。あなたの説明が下手なのです。「アフィリエイト収入が増えますように」とか「YouTuberとして活躍できますように」と祈られても、アフィリエイトやYouTuberのことを神様や龍が知らないことがあるのです。10年、20年と何千回も頼まれていることはなんとなく学習をしています。

守護をしながら、人間のことを覚えていくのです。新型コロナがやばいというのは、いろいろな人が祈りに来るので神仏もわかります。どうやばいのか？　どういう病気なのかは、大半の神仏が理解をしていません。要するに、「天然痘《てんねんとう》の致死率《ちしりつ》が高い感染症」と私なら説明をします。ＲＮＡワクチンが安全かとか、スマホの電磁波は脳に悪影響を与えるかは、神社やお寺の神仏は知りません。絶対神や最高神しか知りません。**人間が科学的に実験をして確かめることなので、祈っても絶対に教えてくれません。**

現代のことは、天照大御神や総産土神社の神様はわかっています。一宮の神様はよくわかっていない神様もいます。人間は、生まれ変わります。なぜ、生まれ変わるのかというと、守護霊も人間として肉体を持って生まれ変わらないと時代に追いつけないのです。守護霊は、背後霊《はいごれい》と呼ばれる先祖霊の中心です。守護霊ではない専門家や大正、昭和初期に亡くなった比較的、現代人の知識がある背後霊をやっている先祖霊の意見を聞いて専門知識を理解しているのです。

ノーベル賞を受賞する人の守護霊は、神様から守護する人がやっていることの技術を教えてもらって守護しているのです。守護霊は、幅広い教養と柔軟な思考力がある人間しかなれません。新しい知識が理解できないと人間の守護ができないからです。

○龍や白蛇は細かく説明をしないと願いを叶えない

龍や白蛇に直接、頼んでも人間の願いは、理解することが出来ません。時間の感覚が数百年単位なのです。大学入試センター試験は、2021年に大学入学共通テストに変更になりました。『葬送のフリーレン』では、1千年生きているエルフのフリーレンが、「魔法の管理団体は（100年単位で）コロコロ変わるから困るんだよね」と言っています。龍や白蛇も同じです。数千年~数十万年前から生きているので、人間の数年単位の話をされてもわかりません。司法試験や国家公務員総合職試験は、「要するに科挙《かきょ》」と私は説明をしています。

試験合格の祈祷でも、どういう試験なのか？　何月何日、何時からどこの試験会場でどのような試験があるのかを神社で説明をしないと龍もどう守護をして良いのかがわかりません。病気なら、入院先の住所やどういう治療を受けているかを説明しないと何をしたらいいのかがわかりません。

お祈りは5W1Hが大事なのです。5W1Hとは、「誰が、いつ、どこで、何を、なぜ、どのように」です。

病気治しは、人間の免疫力《めんえきりょく》を上げて治しています。龍は、癌《がん》細胞そのものを消すこともできます。人間から、よく頼まれる病気については、龍も知識があります。しかし、あなたが神社で頼んだ龍に病気の知識があるかどうかわからないので、「放射線で治療を受けていて、ステージ2の癌で10年間の生存確率が50％と医者から言われている」と細かく説明をする必要があるのです。

また、珍しい病気の場合、その病気がどういう病気でどういう症状が出ているのかを説明する必要があります。原因不明とか治療法が現在ありませんということも伝えます。

治療法がない病気は、総産土神社《そうぶすなじんじゃ》の神様にお願いすべきです。治療法がない病気の治療法は最高神しか知りません。最高神と意思疎通《いしそつう》ができる位が高い神様にお願いするのです。

○お願いのトリアージと優先順位付けが大事

あなたが頼む内容によって、「神様に頼むのか？　守護霊にお願いするのか？　龍にお願いするのか？　白蛇にお願いするのか？」を整理することが大切です。

夫婦喧嘩をしていますという話を最高神や天照大御神様にお願いしても、頼まれた神様も困ります。夫婦喧嘩は、自分の守護霊や配偶者の守護霊に祈れば良いのです。

逆に、「日本経済が新型コロナで崩壊《ほうかい》します。助けてください」と守護霊に頼まれても、守護霊には何も出来ません。天照大御神や総産土神社の神様にお願いするのです。

小さなお店をやっていて、「今月の売り上げを30万円にしてください」と龍に頼んでも、レベルが小さすぎるので龍も何をして良いのかわかりません。白蛇に、現在、1兆円ある売り上げを10兆円にしたいのでよろしくご守護くださいと頼まれても、金額が大きすぎるので守護が出来ません。数十万円の話なら守護霊や白蛇にお願いするのです。

数兆円、数千億円の話なら龍や総産土神社にお願いするのです。

神仏は、神通力やテレパシーで人の気持ちがわかります。龍や守護霊もテレパシーは使えます。**わかりますが、忙しいのでわざわざ神通力を使ってまで、人間の気持ちを察してくれません。**神仏や守護霊、龍や白蛇には、相手が根負《こんま》けするまで、しつこく何度も祈ることが大切です。お百度参りや1年間毎日、お参りに来て同じことを何百回も頼めば神仏や守護霊、龍や白蛇も覚えます。

あなたの願いが叶わないということは、神仏も龍も守護霊も、あなたの願いを覚えていないのです。**願いが叶わないのは、しつこさが足りないのです。** 恋愛成就も、常識的な努力は大切です。**相手を口説くことも大切です。** 好きな人の興味がある話題を勉強することも大切です。お洒落《しゃれ》も大切です。その上で、しつこく祈るのです。

人間相手にストーカーをやると犯罪になります。神仏や守護霊、龍のストーカーをやっても犯罪になりません。片想いの相談も多くあります。相手を口説けば良いのです。どうすれば相手に好かれるのかを考えて、実行すれば良いのです。神仏にもしつこく祈りにいけば良いのです。

しつこく頼めば、同じ学校や会社の同僚なら、結婚させるのは無理でも、デートぐらいはさせてくれます。結婚は、お互いの家庭運の問題があるので難しいこともあります。けれど、執拗《しつよう》に祈り込めば、デートぐらいならさせてくれます。

一身上の個人的な願いなら、しつこく祈って努力をすれば神仏や守護霊や龍も叶えてくれます。 祈る時間と熱心さが足らないのです。そして、努力の絶対量が足らないのです。

神社で祈る時は、「住所と名前、生年月日、年齢、願い事」を毎回、言わないと覚えてくれません。**神社で龍にお願いをしても、同じ龍が願いを聞いているかどうかわかりません。**

神社は、大きな神社なら千、万単位の龍や白蛇がいます。

窓口で願い事を聞いて、まとめて主祭神に決裁に持っていくのです。**主祭神は日本や都道府県、守護している地域を守らないといけないので、個人の試験合格、縁結び、病気治し、金運の願いを聞く時間はありません。**

何千人、何万人、何十万人、何百万人の願い事を処理する時間がないのです。窓口の龍や白蛇が取りまとめて、神仏に決裁をもらって、願いを叶えるのです。願いを叶えるのは、守護霊や龍、白蛇でも、願いを叶えるかどうかを決めるのは、総産土神《そううぶすながみ》や天照大御神です。眷属《けんぞく》の龍や白蛇が、決裁なしで動くことはできません。神社も組織で動いています。神社で龍だけに祈ると、龍も困ります。白蛇も困ります。願いを叶えるかどうかの決定権は、神社の主祭神にあります。日本神界であれば、天照大御神に決定権があります。**最終決定権は、絶対神にあります。**願い事は、必ず、絶対神と天照大御神に『〇〇さんとの縁結びを〇〇神社でお祈りいたしますのでよろしくお願いいたします。守護霊さんに「〇〇さんとデートさせてください」とお願いしてから、デートに誘いますのでお願いたします』と報告してから神社や守護霊に祈るのです。

夫婦喧嘩のことも、守護霊にお祈りする時に、絶対神、天照大御神様に、夫婦喧嘩のことを守護霊さんにお祈りするのでお願いしますと報告してから祈るのです。

また、よく祈っても、努力をしていなければ、神仏も守護霊も願いを叶えません。**絶対神が決めた、「善徳と努力相応に守護する」というルールを破ることになるので守護を出来ないのです。**

第2章

どうすれば龍に守護してもらえるのか？

○龍は気難しくプライドが高い

龍や白蛇に守護して貰うには、龍や白蛇の性質を知る必要があります。

辰年生まれの人も気難しくプライドが高いところがあります。また、龍は皇帝のシンボルです。**龍の性質は、プライドが高いことです。**

気さくな皇帝はあまりいません。学問を修め、自己修養ができている皇帝なら気さくな人もいます。そのため、龍と龍神、神龍は区別して考える必要があります。**神龍、龍神、龍の3種類は別の生き物と考えてください。**

気さくな神仏が、神龍に化身して出てきた場合は、気さくな性格をしていることもあります。しかし、神龍はよほどのことがないと出現しません。あなたの個人的な願い事を聞くのは、龍神や龍です。**龍神も龍も99％は気難しくプライドが高い生き物です。**

龍に守護をして貰うには、龍の性質を学ぶことが大切です。

現世利益を与えることが出来る神仏や眷属《けんぞく》は、とても気難しいと覚えておいてください。気難しい存在は、礼儀にうるさいのです。

平安時代、場合によってはもっと昔から山伏《やまぶし》や修験者《しゅげんじゃ》が、祈りこんでいたのが龍です。龍そのものは縄文時代以前からいます。**太古から超越した自然エネルギーとして敬われてきたのが龍です。**

日照りになったら、龍に人柱《ひとばしら》を捧げて雨を降らせてもらっていたのです。**そのため、龍はすぐに怒ります。**しかし、都会の龍やパワースポットの龍神は、インスタ映えを知っています。スピリチュアル・ブームが、この10年、20年で起こりました。そして、若者がパワースポットに押しかけました。最初は、困惑《こんわく》し激怒《げきど》していたパワースポットの龍は、現代人はこういうものだということを学んで諦《あきら》めているのです。とはいえ、龍には物凄いパワーがあります。**神社の主祭神の代わりを出来るのが龍です。龍が1体いれば、神社を作れるのです。**白蛇が1体いれば村の鎮守《ちんじゅ》をやることが出来ます。

白蛇はわりとたくさんいます。神社の中に、池があって鯉が泳いでいれば、高い確率で白蛇はいます。

都会の龍に比べ、田舎の神社の龍は、現代人の知識が少ないので無礼な人間を祟《たた》ります。龍は、江戸時代の身分の高い武士を相手にしていると考えてお参りをした方が良いので

す。

○龍をイメージする方法

龍を呼ぶには、姿をイメージする必要があります。

龍の姿は、『ドラゴン・ボール』のシェンロンや日本画の龍の姿で目が優しいイメージを思い浮かべてください。

目が怒っている龍や目が怖い龍は、邪龍や自然龍です。龍神や神様の眷属《けんぞく》の龍は目が優しいのです。世間一般で知られている龍の姿と本物の龍を比較すると、優しい目をしています。

怖い神様も、優しい目をしています。

不動明王も、怖い姿をしています。しかし、目は慈愛に満ちた優しい目をしています。

神仏の正しい姿をイメージする基本は、目が慈愛に満ちているお姿をイメージすることです。守護霊も目が慈愛に満ちています。祟っている霊や生霊、邪霊は目が濁《にご》っていたり、嫉妬していたり、怒っています。

◯龍や神様を喜ばすポイントは礼儀

龍を喜ばすポイントは、礼儀正しく接することです。礼儀正しく主祭神と龍神にお参りするととても喜ばれます。

守護霊や神仏、龍、白蛇、眷属《けんぞく》は、現代人を無礼な存在と考えています。

そのため、礼儀知らずであること、強欲であることを嘆《なげ》いている龍神に、礼儀正しく、努力をするので、努力が出来るパワーをくださいと祈れば非常に喜ばれます。

では、礼儀はどのように学ぶのでしょうか？

神社本庁の参拝方法をネット等で検索《けんさく》して、神社本庁のやり方で参拝をしてください。

占い師やスピリチュアリストが書いた本のマナーは信じないでください。神社本庁やその神社の伝統的参拝方法が礼儀正しい参拝方法です。

神様のお世話をする宮司は、神社本庁から神主資格の認定を受けています。そのため、神様のお世話は神社本庁のマニュアルが基本になっています。

神社本庁の参拝方法を知っている人が、応用として別の参拝方法を模索するのであれば問題ありません。しかし、基本は神社本庁のやり方です。例えば、神社では2礼2拍手1拝で参拝します。2回、お辞儀をして2回拍手をして、再度、お辞儀をします。この参拝方法は、明治以降にルール化されたものです。

100回頭を下げても、100回、拍手をしても神様は気にしません。しかし、神社で何百回も拍手をしていると、変な人だと思われます。特殊な祈り方をするときは、隠れて祈るべきです。伊勢神宮でも、お経を唱えている人や印を組んでいる人、色々な人がいます。明治時代以前は、お寺と神社はセットでお祀りされていたからです。神社で、お経を唱える文化が1千年以上続いたのです。

手を洗う時も、どちらの手で柄杓《ひしゃく》を持っても大丈夫です。両手を洗って、口をゆすげば良いのです。鳥居《とりい》の真ん中は、神様の通り道なので避けて歩くべきと言われています。神様は、瞬間移動が出来るので、鳥居は使いません。そのため、鳥居の真ん中を歩いても気にしません。では、なぜ鳥居の真ん中を避けるのでしょうか？ **それは、参拝する人間が神様を敬っているという気持ちになるためのセレモニーです。**

神社参拝のマナーは、神様を敬っているという気持ちを盛り上げるための儀式です。

神社では、鳥居のところで、入る時と帰る時に頭を下げます。帽子は境内に入ったら、脱ぎます。しかし、初詣等で混雑している時は、落とすことがあるので無理に帽子を脱ぐ必要はありません。

神社参拝で最も大切なマナーは、スマホをいじらない。人と話さない。この2つです。

境内《けいだい》に入ったら、人と会話しないでください。(子連れは別)

大事な商談で、スマホをいじりながら話しますか?

お見合い中に、スマホをいじりますか?

人間相手にやったら、失礼だと思われることをやらないことが、大切なのです。

境内を歩きながら、神様に祈り続けるのです。参拝というのは、神社に行くことではありません。**神社に行く前から祈り続け、移動中も祈り続け、祈祷が始まる前に祈り終わっているのが正しい神頼みの方法です。**

埼玉の山奥にある三峯神社や奈良の僻地《へきち》にある大神神社、遠方の神社に行く場合は、参拝を決めた時から毎日、祈り続けるのです。2週間後に、千葉県の香取神宮に行くのなら、2週間前から毎日30分から1時間、香取神宮の神様に祈ります。

神社の祈祷は参拝のスタートではありません。参拝のゴールです。神社に行く前に祈り終わっているべきなのです。

毎日、しつこく、「何月何日、こういうお祈りをするために、〇〇神社に行きますのでよろしくお願いします」と祈れば、神社の神様も何月何日に来るということがわかります。守護霊も、神社の神様に守護している人間がお伺いいたしますのでと挨拶《あいさつ》に行くことが出来ます。

なぜ、人間の世界では、面会のアポを取るのに、神社の神様相手には参拝のアポを取らないのでしょうか？

神様に祈りを伝えるには、神様の気持ちになることが大切です。片想いの人がいる場合、「結婚したい。結婚したい。結婚したい」としつこく祈られると、「釣り合わないから無理だな」と神様が思っていても、デートぐらいならいいかなとチャンスを必ずくれるのです。

好きな芸能人に会いたいという願いが本物なら、私なら広告代理店か芸能人の事務所に就職します。あるいは、自分で会社を作ってＣＭに起用します。10年、20年単位で努力すれば、不可能なことではありません。

10年、20年も努力をしないし、祈り続けもしないでしょう？

だから、願いが叶わないのです。

小説家や歌手になるといった夢も私なら、こうやって叶えます。どうするか、新人賞に入選するまで、何十年も応募し続けます。小説も歌手もある程度の技術があれば、話題性があれば売れます。新人賞に50年応募し続けて、デビューが90歳、100歳になれば、絶対に売れます。CDや本が売れるなら、出版社や芸能事務所もデビューさせます。

30年間、新人賞に連続で応募して来たら、編集部も覚えます。

1年、2年で小説家や芸能人になろうという発想が図々しいのです。

アイドルグループで『学歴の暴力』というユニットがあります。結成メンバーのなつぴなつさんは、アイドルになるために東大を受験し、東大卒のアイドルとして売り出します。芸能人になるために東大を受け、受かる努力と根性が大切なのです。

願望に努力が追い付いていないのです。そして、諦《あきら》めるのが早すぎるのです。

○お賽銭《さいせん》は多い方が良い

神社は、観光名所ではありません。神様に祈る場所です。写真撮影をするのもあまりお薦めできません。特に、本殿《ほんでん》の鏡は、神様が降臨《こうりん》する場所なので絶対に撮影をしないでください。

お賽銭《さいせん》は、多ければ多いほど、あなたの真心が通じます。

お賽銭をいくらというよりも、本殿で祈祷を受けてください。5円で、「ご縁がある」というのは俗説です。50円、500円が縁起が良いというのも俗説です。**神様への真心は、最低5千円から1万円以上の祈祷料です。**お札のほうが喜ばれます。あなたが時給5円で働けるかを考えてみてください。あなたが神様の立場だったら、5円玉を一枚お賽銭に入れて、「家族全員が健康でありますように」とか、「〇〇高校に合格しますように」と頼まれた時に、願いを叶えようと思いますか？

もちろん、生活保護を受けているとか、ホームレスだとか、被災して家が全壊《ぜんかい》をして財産がないという人は別です。神様も相手の懐事情は考えます。

平均年収より所得が少ない貧しい人が、高額なお布施《ふせ》をすると神様が心配します。

神様は、お布施の金額は重視しません。その人にとって、どれくらいの価値があるものなのかを重視するのです。

「1万円の祈祷料を払うので、宝くじ1億円を当選させてください」と誰かに頼まれたら、「図々しい」と思いませんか？ **神様も図々しいと感じています。ですから、願いを叶えません。**

本殿で、御祈祷を受ける時の服装は、スーツが原則です。

登山前提の神社は、スーツで参拝できませんから神様も気にしません。

観光旅行で参拝した時に、祈祷を受ける場合はカジュアルでも仕方がないと思います。

毎日、散歩の途中にお参りしている神社も普段着でお参りすれば良いでしょう。しかし、会社が資金繰りに行き詰まり銀行に融資《ゆうし》をお願いしに行くときに、普段着で行きますか？

会社が倒産しそうとか、どうしても結婚をしたいとかそういう切実なお願いはスーツで祈祷を受けるべきです。観光のついでに銀行に来たけど、1億円を融資してくれるかなと頼んで、銀行が融資をしてくれると思いますか？　神社も同じです。

就職の面接に行く格好ならその人の正装です。

ポイントは、敬っている気持ちが神様と眷属《けんぞく》に伝わるかどうかです。神様を尊敬していたら、ジーパンで参拝することはないはずです。あなたが絶対に叶えて欲しい願いなら、神様が正装と考える服装で参拝するのが最低限の礼儀です。

○観光旅行のついでに神社参拝すると

神社参拝は、神社参拝をメインに旅行すべきです。しかし、家族旅行等で神社に行く場合は、お祈りする時に「家族旅行なので、観光もします」といえば神様は理解してくれます。けれど、あなたの子供が受験生で受験のお願いを神社でする場合は、観光旅行のついでに合格祈願をしても守護をしてくれません。

メインが神社参拝か、観光なのかが重要なのです。神様は、地元の産業の守護をしています。**そのため、神社の近所でお土産を買ったり、食事をしたり、宿泊して地域にお金を落としていくと神様は喜びます。**けれど、メインが観光で、ついでに神社に参拝して結婚させてくださいと祈ると、**ついでに守護しようと神仏は考えます。**人間が、神社参拝のためにわざわざ遠くから来たら、神仏や眷属《けんぞく》も願いを叶えようと思います。観光のついでに参拝すれば、守護をする力も弱まるのです。

これが神仏の守護の大原則です。

◯自然龍と野良龍と人を殺す悪龍

自然エネルギーが、龍になったものが自然龍です。龍の進化は、自然龍からスタートします。自然龍の修行が進むと、パワーをつけていきます。

神社で、神様にお使えしていれば眷属の龍になります。眷属の龍ではない自然龍は、コントロールをできる神仏がいないので絶対に祈ってはいけません。危険です。

神仏の眷属《けんぞく》ではない龍は野良龍です。野良龍には、悪い龍もいます。野良龍は、神仏に管理されていないので、生贄《いけにえ》を要求したり、祟ったり、悪さをします。

悪龍は、邪霊や魔物の類です。自然龍が悪霊化したものが多くいます。悪龍に祟られると死にます。**悪霊で人を殺しにくるのは悪龍です。**普通の悪霊には、人間を直接、殺す力はありません。

けれど、悪龍や巨大な蛇神《だしん》の悪霊は、人間を殺すことが出来ます。病気や事故や心臓麻痺《しんぞうまひ》や脳梗塞《のうこうそく》でいきなり殺すことができるのです。

龍の本を書かなかったのは、読者が自然龍や野良龍を呼び込むと危険だからです。

○努力すれば龍が守護する前に守護霊が動く

人間の努力の限界を超えていれば、龍が守護しなくてもあなたを守護している守護霊が必ず動きます。守護霊が、真剣に守護すれば、仕事、就職、家内安全、病気治し、縁結び、結婚、昇進といった一身上の願いなら必ず叶います。守護霊のパワーは強力です。国会議員になりたいという人も当選するまでなら守護霊が真剣に動けば、当選できるのです。会社も、多国籍企業や従業員が数万、数十万人いる大企業以外は守護霊が仲間を増やしてくれるので経営できるのです。

龍神が守護をする必要があるとすれば、不況を立て直すといった日本全体に関わることだけです。日本全体に関わることは、絶対神の決裁が必要です。その上で、天照大御神の指揮下で龍神も動くのです。

ですから、絶対神と天照大御神、神社の神様、守護霊、龍と白蛇全部に同じことを繰り返し説明する必要があるのです。

ここで、注意すべきポイントがあります。同時に願いを言っても無視されます。神々には別々に頼む必要があるのです。あなたが取引先の大企業の社長と平社員を同時に呼んで取引の説明をしたら、相手はどう思うでしょうか？　絶対神と同時に守護霊に祈ることは出来ません。

絶対神、天照大御神、神社の神様、守護霊に頼む場合は、4回、同じ願いを繰り返すのです。絶対神、天照大御神、神社の神様、守護霊、龍、白蛇、毘沙門天に頼む時は7回、同じことを祈るのです。

別々に祈れば、願望成就力が3倍から10倍に強化されます。毘沙門天と不動明王に生霊《いきりょう》から守護してくださいと頼む時は、同時に祈るのではなく、別々にお願いするのです。神社の神様も10柱《はしら》の神様にお願いする時は、10回にわけて一柱《ひとはしら》の神々ごとにお願いをします。

また、龍を動かすには現実世界の努力が大切です。神風は、吹くことを期待したら絶対に吹きません。吹かない前提で作戦を立てて、あとは神仏にお任せしたら必要があれば神風を吹かせてくれるのです。

神様は、雨が降るだろうと傘を持って出かければ、雨が降らないようにしてくれます。しかし、龍や神仏が守護してくれるから雨は降らないだろうと傘を持っていかないと雨を降らすのです。人間が努力をしなくなることを一番、神仏は嫌がるのです。上杉謙信は、毘沙門天と不動明王に熱心に祈ってから戦をします。けれど、『六韜三略《りくとうさんりゃく》』や『孫子《そんし》』の兵法書を熱心に学んでいます。そして、戦国大名をやりたくないので、何回も大名をやめて出家して寺に篭《こ》もろうとしています。何回も寺に行こうとしますが、武田信玄や北条に越後の国を侵略されたら防げる人がいないと家臣団が頼むので出家を断念して、防衛戦しかしていないのです。**そうした生きざまに感銘し、毘沙門天や不動明王も上杉謙信を守護していたのです。**

○龍の伝説から学ぶ龍に守護される方法

龍の伝説は、高僧に調伏《ちょうぶく》されて神社やお寺で祀られるようになったというストーリーです。お釈迦様は、龍や鬼にも説法しています。

祈る側の人間が、龍より賢くないと龍は守護しません。人間が、龍より賢くなるのはかなり大変です。

日蓮《にちれん》は、「人々を救済するために日本一の智恵者にしてください」と祈って10年以上、学問と修行をしました。智恵者にしてくださいというのも、あらゆる仏教の教えを学び、儒教や道教、神道も学び、あらゆる宗教と比較して、どの教えが正しい教えなのかを知り、苦しんでいる人々を救いたかったのです。自分が救われるために、「智恵者にしてください」と祈ったわけではありません。つまり、利他《りた》の祈りです。

龍に祈って雨を降らせた弘法大師は、虚空蔵菩薩《こくうぞうぼさつ》に賢くしてくれと祈りました。弘法大師も、自分のために賢くしてもらったわけではありません。弘法大師は、大学に通う官僚の卵でした。より多くの人を救いたいから、密教を学びたいという志があったのです。そのために、官僚の地位を捨てて唐の国に留学をしたのです。

弘法大師も、自分が助かるために仏教を学んだわけではありません。人を救いたいという志があったのです。

弘法大師も日蓮も、龍を自由に使えました。

龍も神仏や守護霊は、この人間を守護したいと思えるような大きな志があり、努力している人しか守護をしません。

○龍の守護を人間がリクエストしない

人間が大日如来《だいにちにょらい》に守護をしてくださいとか、龍に守護してくださいと祈るのは傲慢《ごうまん》ではないでしょうか？　**神仏や龍の方が、人間より位が上です。**こういう目標があり、努力をしているので、そのために必要な守護霊や神仏、龍神や蛇神がいれば守護をしてくださいと頼むべきなのです。

なぜ、守護をしてもらう側がリクエストするのでしょうか？　守護をして頂くという謙虚《けんきょ》な姿勢が大切です。

現代人は、過剰《かじょう》なサービスでお客様意識が抜けなくなっています。龍は、人間より位が上です。その気になれば、人間を殺せる危険な存在が龍です。**守護霊や神仏は、人間がおかしなことを祈っても我慢《がまん》します。**守護霊は、２００年～３００年程度、優秀な人物が霊界で修行をしてから任命されます。２、３００年も修行しているのは、守護する人間がおかしなことを祈ったり、努力しなくなっても見捨てないように忍耐力を養うためです。**神仏も守護霊も、忍耐力があるので人間を見捨てません。**けれど、龍や白蛇は忍耐力がありません。忍耐力があれば、龍神になっています。

龍や白蛇は、怒れば祟ったり、神罰を平気で与えるのです。私の過去の本で紹介した神仏や守護霊は怒っても、祟ったり神罰を与えることはありません。龍や白蛇は祟ります。

これが過去の本で、龍や白蛇の動かし方を書かなかった理由です。この本は、しつこく同じことを繰り返し書いてある部分があります。10回、20回、龍や蛇は祟ると書いておかないと危険性が理解できない読者もいるからです。

○龍を呼んでも守護して貰っても……

私が読者に龍神を守護神として呼んできても、守護する価値がないと判断したら数秒で帰ります。

読者には、行政書士試験や放送大学、放送大学大学院、中央大学通信課程等で学んでスキル・アップを続けるようにお願いをしてきました。司法試験やハーバード大学でMBAをとって来いと言っているわけではありません。それでも、やれない人、やらない人がいます。

読者が弁護士や会計士、医者や学者の読者ならいまさら、なぜ行政書士や中央大学に行くのかというのは理解できます。

けれど、給料が少ないという相談をしてくる読者に限って、資格試験の勉強をしていなかったり、通信制大学、通信制大学院に通っていないのです。

スピリチュアルを扱う人は、常識的な努力をしません。常識的な努力をせずに、スピリチュアルだけを熱心にやって死ぬと１００％地獄に落ちるのです。**これも何度も書く必要がある大切な話です。**

聖人のマザー・テレサは30代で修道女学校の校長になりました。それだけの高い学力があった人なのです。そのため、社会福祉家としても成功してノーベル平和賞を受賞できたのです。

現世利益は、スキル・アップと人助けがセットになっています。現世利益だけを願うと魔物に憑依《ひょうい》されるのです。龍が怖いのは、龍に祈るとその人のランクにふさわしい龍しか来ないということです。悪龍や邪龍もたくさんいます。

現世利益だけを求め、努力をしない人が龍に祈ると角が生えた数メートルの悪蛇《あくだ》が守護しに来るのです。

神仏に祈って悪霊が来るのは、怠《なま》け者か強欲《ごうよく》な人なのです。

○スピリチュアリストに見えるのは角の生えた蛇

世間で売られている龍の本の著者の大多数は、龍と蛇に角が生えた龍蛇《りゅうだ》の区別がついていません。

龍に守護されると、良い宗教か悪い宗教かを別にすれば宗教家としても成功します。**主婦や一般人として過ごすことは絶対にありません。**

それなりに力がある悪龍が守護をすれば、カルト教団として成長します。龍が守護をしたら、単なるスピリチュアリストで終わることはありません。

龍は社会運を与えます。龍は成功運を与えます。龍が守護をしているなら、この世で成功するのです。宮沢賢治の話を他の本に書きました。宮沢賢治は、童話作家としては生きている時にあまり評価されませんでした。暗い童話を書いたからです。

けれど、宮沢賢治は、地域の農業や文化活動のリーダーとして活躍をしています。作家や画家でも作品が評価されなかった人は多くいます。それでも、本や作品が残っているから死後、評価されているのです。全く社会に相手にされていなければ、作品そのものが残っていません。

龍が守護をしていたら一匹狼ではなく組織として大きくなるのです。個人経営のカリスマ占い師やスピリチュアリストなのか、宗教の教祖かで龍が守護をしているかどうかがわかります。もちろん、龍が守護をしていても悪龍に守護されていることもありえます。

龍は中国では皇帝の象徴と説明しました。龍が守護すると、組織を作って、権力を手に入れたがるのです。**悪龍が守護すると、社会に悪い影響を与える教団を作ったり、悪い政治団体やブラック企業を作ったりするのです。**

○権力欲を捨てる修行が大切

皇帝のシンボルである龍に守護されると、政治に介入したくなります。財界人も政治塾を作ります。政治に関わろうとしてくるのです。あるいは、政界のフィクサーになろうとします。**龍の最大のデメリットは、権力欲の権化になることです。**

一方、神龍や位が高い龍神は、権力欲がありません。

権力を持っても権力欲を捨てることが出来るかどうかが悪龍ではなく、善龍を動かせるかどうかの大切なポイントになるのです。

与党の幹事長になっても、権力欲を捨てて国のために生きられる人であれば、龍を動かすことが出来るのです。**権力を握ったら手放せなくなる人は、それが町内会長や市町村議員、**

係長であっても、権力に執着心がある人は悪龍を呼び込むのです。武士や政治家は、座禅《ざぜん》をやる人が多くいます。あれは、執着心を払う修行をしているのです。

○守護霊の姿も見えないのが普通です

守護霊は、先祖霊の中であなたより優秀な人です。必ず、本人より優秀な人が守護霊になります。あなたより確実に守護霊の位の方が高いのです。もし、守護霊が見える、守護霊と話せるという人がいたら、その人は自分より位が低い守護霊に守られていることになるのです。

低級霊は、見ようと思えば見えるのです。私は霊を感じることは出来ます。けれど、霊は見えません。他人の守護霊が誰なのかもわかりません。私や読者の前世もわかりません。霊界のことや未来のことがわかりすぎるとおかしくなるのです。神様や守護霊は、常識判断で見せないのです。

たまに、読者でも霊が見えるという人がいます。**低級霊《ていきゅうれい》に憑依《ひょうい》されると霊が見えるようになるのです。**

霊に意識を向けると日常生活が不便になります。霊がいつも見える人は、暇《ひま》な人です。価値ある人生を送ってください。

○A神社の龍と結婚成就秘伝

小さな神社にも龍や白蛇はいます。しかし、力のある神様はいないことが多いのです。学生時代に、よくお参りしていた小さな神社があります。先日、祭神を見てみると、白龍神が祀られていました。**恋愛でも、白龍が守護すると上手くいきます。**好きな人の産土神社にお参りする裏技もあります。

昔は、村の中で仕事も結婚も完結していました。そこで、村の鎮守《ちんじゅ》様が、仕事の面倒、子供の出産、結婚まで全て担当していたのです。江戸時代なら村の守り神の神社、鎮守様に祈れば、結婚が出来たのです。

けれど、現代は、北海道で生まれて、東京の大学に進学して、九州で働く時代です。そのため、村の鎮守様や市町村の産土神社では、守護パワーが弱いのです。**そこで、総産土神社というエリアで一番、力のある神社にお参りする方法を薦めています。**

市町村内で完結させられることなら、市町村の一宮に頼んでください。ただし、市町村レベルで完結できる相談は少ないと思います。例えば、ネット通販をやっている場合、取引先が他の市町村や都道府県にいます。江戸時代の年貢《ねんぐ》の取り立ても村の鎮守様では対応できません。年貢を決めている藩主や家老、藩の上層部を守護している藩で一番、力がある産土神社に頼む必要があるからです。多くの場合、都道府県の一宮《いちのみや》神社です。しかし、年貢率を幕府が決めている場合は、幕府を守護している江島神社、諏訪大社、三峯神社、香取神宮、箱根神社、浅間大社等の関東一円の総産土神社にお願いして、最後は伊勢の天照大御神に動いてもらう必要があるのです。

明治以降は、東京に中央政府や企業の本社があります。

あなたが参拝する神社の神様からもっと位が高い神様に陳情をしてもらう必要があるのです。村の鎮守から、一宮、総産土神社、天照大御神の順番に陳情すると時間がかかりすぎます。

私は、地域の産土神社を軽視しているわけではありません。地域の産土神社のお札は町内会等から頒布《はんぷ》されます。こうしたお札のお布施《ふせ》は収めています。地域の産土神社には、願い事をしていないというだけです。

読者からは、片想いの相談も多く来ます。

他の本にも書いた話です。**片想いの神頼みの裏技は、相手の出生地の神社に頼むのです。**私の中高時代、同級生と初詣《はつもうで》にA神社に行きました。不思議なことに初詣に行くA神社で祈ると、片想いの同級生同士が両想いになるケースが多くありました。なぜなら、同じ守護エリアの男女の縁結びは簡単なのです。

結婚に関しては、片想いの人の出生地の産土神社を味方につければ、かなりチャンスがあります。**好きな人が同じ小学校の校区で生まれた場合、その校区の産土神社に頼むのです。**

これは、『婚活の神様』（仮称）という本が売れたら出版する次回以降の本で詳しく説明します。

第3章

驚くほど龍神に守護してもらう秘伝

○龍神は簡単には守護しない

大型犬は、人間をかみ殺せます。躾《しつけ》に失敗すれば、自分や近所の子供をかみ殺すかもしれません。

龍は、秋田犬やドーベルマンの飼育と同じで危険なのです。龍を動かす秘伝は、龍の危険性を知ることです。

龍は、その気になれば、あなたを殺すことも出来ます。そうした存在に、安全に守護してもらうには、どうしたらいいのでしょうか?

龍に安全に守護してもらう方法は2つあります。1つ目は、龍より強い存在に守護して貰う方法です。つまり、**神社の神様や仏様にお願いして神仏に加護されながら、龍に守護をして貰うのです。**

もう1つの方法は、あなたの先祖霊の中に龍や白蛇を使いこなしていた偉人がいます。10代、20代前の先祖霊まで遡《さかのぼ》れば、必ず1人はいます。その偉人に守護をして貰うのです。

守護霊は、先祖霊の中のエースです。守護霊も2タイプが存在します。1つ目は、先祖霊以外の守護霊です。このケースはほとんどありません。具体的には経営者を渋沢栄一や五代《ごだい》友厚《ともあつ》が守護するといったケースです。けれど、日本の資本主義の父である渋沢栄一や五代友厚が守護をする価値がある経営者がどれくらいいるでしょうか？

政治家でも、上杉謙信や武田信玄、織田信長や豊臣秀吉、竹中半兵衛等の作戦が得意な守護霊が助っ人にくれば選挙の作戦が閃《ひらめ》きます。勝てそうもない選挙でも、ゲリラ戦が得意な楠《くすの》木《き》正成《まさしげ》や源義経が守護霊になれば、作戦が閃きます。

与党の派閥運営も、藤原鎌足、藤原良房《もとふさ》や藤原道長、藤原基経《もとつね》のように、派閥の運営が得意な守護霊を連れてきてもらえば、良い方法が閃《ひらめ》くでしょう。**あるいは、蘇我馬子とも仲良くやっていた聖徳太子に守護してもらえば、たいていの人間とコミュニケーションを取れるようになります。**

しかし、そこまで凄い守護霊が守護する価値がある政治家なのかという問題もあります。

そこで、多くの場合は、優秀な先祖霊が守護霊をやります。**また、先祖霊も20代、30代前まで遡《さかのぼ》ると菅原道真等が先祖霊をやっていることも多いのです。**守護される人間より少しランクが高い先祖霊が守護霊としてあなたを守護しているのです。

○守護霊はあなたの努力でパワーアップする

どの守護霊があなたを守護するかは、神様や守護神が話し合い、これくらいのランクまで成長するという未来予測をして決めています。中堅企業の課長で定年退職をする人には、小藩の与力《よりき》だった武士の先祖霊を守護霊にします。しかし、**運命はその人が平均的努力をした場合に実現する未来です。**偏差値60ぐらいの私大を卒業する予定だった人が、死ぬ気で勉強して偏差値70の大学を卒業して、大企業に採用されたとします。

その時には、大学入試の時に守護霊を小藩の奉行や大目付《おおめつけ》だった先祖霊を探してきて、交替させます。**守護霊は、本人が死ぬほど頑張って、運命を変えれば交替するのです。**これは、逆の場合もありえます。

予定では、偏差値70以上の大学を卒業して、財務省の局長で定年退職する予定の人生だったとします。江戸町奉行、勘定奉行、若年寄《わかどしより》をやっていた先祖霊が守護霊として守護をしていても、大学入試で努力をせずに偏差値60の大学に進学し、あるいは難関大学に進学してもそこで遊び人になって公務員試験に落ちて改善の見込みがない場合、小藩の与力《よりき》や奉行《ぶぎょう》に守護霊をレベル・ダウンさせるのです。

あなたも運命に応じて守護霊が守護しているのです。あえて龍が守護をする必要はないのです。そして、本人が努力をすれば、守護霊は優秀な人に交替するシステムがあります。

守護霊のレベル・アップとレベル・ダウンで人間の運命はコントロールできるのです。

それでも、龍に守護をしてもらう理由はなんでしょうか？　それは、**努力をしたくても努力することが出来ない人間がいるからです。**龍が一時的に守護をすれば、努力ができる人間になる可能性が高まります。そして、守護霊がレベル・アップをしてあなたの運命を改善してくれるのです。

○努力できる体質改善のために龍の守護が必要

努力をできる体質になるために、守護霊を一時的に強化して貰うために龍にもお願いするのです。「宝くじを当てたり、結婚したり、選挙に勝つ」といった現世利益のために龍が守護することはありません。

では、龍が守護するとどういう人になるのでしょうか？　龍にはパワーがあります。突破《とっぱ》力《りょく》があります。病気治しや金運、出世運を与えることも出来ます。

一番のポイントは、パワーがあるということです。本当は、龍神に守護をして貰わなくても、パワーのある守護霊に守護をしてもらえば良いのです。しかし、どうしても努力できないという人は、龍の強力なパワーが必要です。そして、努力をできる人間に生まれ変わり幸福をつかむのです。もっとも、**パワーのある守護霊は多くの場合、龍を使うことが出来る高級霊です。**

○先祖霊の中に必ず龍神を使いこなしていた人がいる

龍を安全に動かす方法は、龍に直接、守護を頼まないことです。

龍を動かしたり、龍に守護をしてもらう時には、あなたの守護霊や神仏に守護してもらい守護霊や神仏に龍のコントロールをお願いします。世間で売られている龍に守護してもらう本は、「突然、霊能力に目覚めた普通の人が、龍に出会って守護してもらいました」というお話です。この方法は、たまたま良心的な善龍が守護してくれれば幸せになる人もいます。しかし、龍が守護する基準は守護霊が人間を守護する基準と同じです。**そして、神仏や守護**

霊の守護がない人が龍に守護されることは、ライオンを素人が自宅で飼育するのと同じくらい危険なことです。

まともな善龍は、理由もなく呼ばれて人を守護しません。例外的に前世、行者《ぎょうじゃ》等をやっていた人が一生、龍神を信仰していた場合に生まれ変わってから、前世や過去世《かこせ》に守護をしていた龍が前世の縁で守護をしてくれることもあります。しかし、例外中の例外です。神仏や守護霊がコントロールをすることなく眷属《けんぞく》の龍が人を守護することはないのです。つまり、いきなりスピリチュアリスト等を守護し始めた龍は、自然龍や野良龍です。**龍を使いこなせる守護霊に守護されている人は、社会的に活躍しています。**

しつこく繰り返します。**普通の人を龍は意味もなく守護しません。**

逆に、守護をする意義があれば、あなたも龍の守護を受けることが出来るのです。

あなたの先祖霊の中に、龍を使いこなしていた高僧等がいます。必ずいます。10代、20代遡《さかのぼ》れば、数十万人単位の先祖がいます。先祖霊の中で龍を使いこなして、人々のために生きていた聖人にあなたの守護霊になってもらうのです。

龍は、位が高い守護霊なら使うことが出来ます。位が高い優秀な守護霊に守護してもらえば良いのです。そして、守護霊の中でも、龍を使うのが上手い人がいます。

伝教大師、弘法大師、行基菩薩《ぎょうきぼさつ》、役行者《えんのぎょうじゃ》、日蓮クラスの大聖人でなくとも、その弟子の中の一番優秀な人なら龍神を使えます。**位が高い龍神を使いこなせるのは、鎌倉仏教の開祖の一番弟子クラスの人達です。**龍なら、修験者《しゅげんじゃ》や山伏《やまぶし》、僧侶で人々のために生涯を捧《ささ》げた人でも使えます。しかし、トップクラスの龍神を動かすのであれば、鎌倉仏教の開祖クラス以上の大聖人に守護霊になってもらわなければ不可能です。

龍が暴走した時に、ストップをかけることが出来る先祖霊に守護をお願いするのです。

○生まれつき龍に守護されている人もいる

前世、僧侶や山伏《やまぶし》、行者で熱心に龍神を崇敬《すうけい》し続けた人は、生まれた時から龍が守護をしていることがあります。**一生、龍に守護をしてくださいと今世、修行をすれば、来世、龍が守護をしてくれるのです。**

龍に守護してもらうための修行とはどんな修行でしょうか？ **それは、高学歴、高スペックを実現することです。**行で守護してくれる龍はレベルが低い龍です。行というのは、毎日、お経を唱えたり、滝行等をすることです。いわゆる世間の人がイメージする修行です。

この修行では、位が低い自然龍、野良龍しか守護しません。

なぜなら、位の高い龍や龍神が人間を守護するかどうかを決めるポイントは、どれくらい人々の役に立つことをしているのかだからです。スピリチュアリストをまともな龍神が守護することはありえません。スピリチュアリストが、たくさんの人々の役に立つことはないからです。霊能者を守護するよりも政治家やボランティア団体の代表を守護した方が社会の役に立ちます。

もし、ブラック企業の経営者が、改心してホワイト企業を作ったらどうなるでしょうか？本来、苦しむはずの何千人、何万人の従業員が救われます。**優秀な国会議員や政治家、財界人を守護すれば、何百万人、何千万人、何億人の人類が救われます。**

社会的影響力と能力がある人を守護した方が、救われる人間の質も量も大きいのです。

また、自己の利益のために龍神を使うことは出来ません。他人の幸せを祈り続ければ、来世、守護をしてくれるのです。自分が幸せになるためだけに、龍を動かすことは出来ません。この辺りの話は、for you（利他の祈り）と for me（利己の祈り）の話になるので青林堂から出版した私の過去の5冊の著作を読んでください。

○龍や神仏が望んでいること

私がこの本で伝えたいことは何でしょうか？　「政財界人が、信仰に目覚めれば、より多くの人が救えます」ということを神仏や龍神は考えていません。政財界人を説得するなら、政治や経済学、選挙の本を書けば良いのです。実際に、今までも何冊も書いています。これからも出版していきます。**こうした開運本を読んで政財界人が信仰に目覚めることは絶対にありません。**

スピリチュアルで社会的影響力を持つことを神仏は望んでいません。あなたも常識的に学問を深め、世のため人のため、自分のために生きれば良いのです。自分や家族のために生きるなと言ったことは一度もありません。自分や家族だけのために生きるなと言っているのです。

スキル・アップも社会のためではなく、給料が上がり、仕事の選択肢が増え、頭を使うことで健康寿命が延びます。あなた自身の幸せのためにスキル・アップするのです。

勉強は、お金がなければ図書館の本を借りてきて独学でやれます。

私の本を読んで、学問をしていない。勉強をしていないというのは、神仏を真剣に信じていないのです。

私の教えは、スキル・アップです。あなた自身が学び続けなければ、守護霊が守護しません。龍神も守護しません。

神仏や守護霊を信じていた方が、守護しやすいのは事実です。けれど、努力をしていれば祈っていても祈ってなくても神仏も守護霊も守護してくれるのです。努力をしている人が神仏や守護霊に祈れば、何十倍、何百倍も強力に守護してくれます。

努力をしていない人が祈っても、守護霊や神仏は守護をすることが出来ません。努力していない人を守護すると、絶対神が決めた宇宙のルール違反で守護霊をリストラされるからです。神仏は絶対神の化身なので、絶対神が決めたルールは守ります。龍神も、絶対神が決めたルールを守ります。絶対神が決めたルールを守ることが、神としての最低限のルールだからです。

○守護霊が餌《えさ》を与えることはある

片想いが努力のきっかけになるのなら、好みの異性を守護霊が連れてきます。恋愛をして、努力をする見込みがあるのなら、守護霊は恋愛相手を探してきます。

現世利益は、神仏がいることを実感し、努力できるようにするための手段です。私の本を読んで、良いことばかりが起こるようになったというお手紙を頂きます。これは、2つ理由があります。価値観が変われば、人は幸運になれます。もう1つは、一時的に開運させることで、努力させようとしている場合です。癌《がん》が治ったという読者もいます。けれど、2回目以降は、また治るという油断があるので治るかどうかわかりません。

○龍や白蛇が神社を管理している

龍を安全に使う方法の2つ目、神社の神様にお願いをして、龍を動かして貰う方法について説明しましょう。**神様がいる神社には、必ず龍がいます。**神様が神界に帰っても、綺麗な池や湖と森があれば龍が住んでいて参拝者の願いを聞いているのです。しかし、神様が神界に帰った神社は、眷属《けんぞく》の龍や白蛇が暴走した時に止めることができません。ですから、そうした神社の参拝は薦めていません。

また、龍や白蛇が神社を管理していることも多いのです。神様は繊細《せんさい》です。宮司が真心を込めてお祀りをしていても、参拝する人がエゴの塊《かたまり》になると神様が神社に降臨できなくなるのです。神様が避難すると、龍や白蛇等の眷属《けんぞく》が神社を預かることになります。

そうした神社はお祈りをすれば願いを叶えてくれます。病気を治すことも出来ます。けれど、想念術や引き寄せの法則と同じで、あなた自身の善徳である幸せポイントを消費して願いを叶えているのです。

神様と眷属《けんぞく》の違いはいくつかあります。**神様は、願いを叶える時にあなたの運を使いません。**そのため、願いが叶うのに努力をする必要があるのです。また、願いが叶うのに時間がかかります。あなたの運を浪費しても良いのなら、総産土神社である奈良県の大神神社《おおみわじんじゃ》の大物主大神《おおものぬしのおおかみ》や長野県の諏訪大社の建御名方大神《たけみなかたのおおかみ》、諏訪大明神《すわだいみょうじん》、埼玉県の三峯神社《みつみねじんじゃ》の主祭神なら、1週間以内にどんな願いでも叶える事が出来ます。**神仏や守護霊は、運を浪費させないように工夫しているので願いが叶わないとあなたは勘違いをしているのです。**

あなたが努力をしていないことが、あなたの願いが叶わない原因なのです。

祈れば、願いが叶うと言われている神社やお寺は要注意です。神仏がいない可能性があります。神仏がいる神社やお寺なら、願いが叶うように努力をせざるを得ないような職場の配《はい》置転換《ちてんかん》、厳しい上司を連れてくる等の試練《しれん》が必ず与えられます。

神仏も守護霊も、試練と御利益が必ずセットになっています。

試練なしで御利益だけが来たら、その神社に神はいないと判断してください。想念術や引き寄せの法則、神がコントロールしてない龍や白蛇が幸せポイントを浪費すると、予定の寿命より早く死にます。運の究極は、寿命です。善徳相応に寿命があるので、想念術や引き寄せの法則、魔術で願いを叶えると寿命が減ります。龍や白蛇は、寿命が減っても気にせずに願いを叶えるのです。龍に祈って、好きな人と結婚しました。新婚旅行で事故で死にました。100%、不成仏霊《ふじょうぶつれい》になります。

願いを叶えるのに、寿命を使って死ぬと、成仏できないのです。読者の手紙に、死んでも良いので願いを叶えてくださいと書いてあります。けれど、寿命を使って願いを叶えて、死ぬと成仏しません。死んでから、バカなことをしたと思って後悔するので成仏しません。

○自分で龍をコントロールしないこと

龍を動かす秘伝は、人間が龍をコントロールできないことを理解することです。そして、神社の神様や仏様、守護霊によくお祈りをして、龍を動かしてもらうのです。

龍を自分でコントロールしようとすると途中で必ずおかしくなります。

1番確実な方法は、あなた自身が高僧になることです。高僧になって守護霊にランク・アップして貰い、龍を動かしてもらうのです。**高僧は、現実的能力が必要です。**天台座主《ざす》、天台宗のトップは京都大学農学部を卒業して、比叡山《ひえいざん》の森林管理をしておられました。天台宗の高僧は、高学歴です。弘法大師も、政治や土木部門で活躍しています。単なる霊能者ではないのです。日蓮《にちれん》は、神道、儒教、仏教、道教の比較研究をしています。政治のことにも詳しい高僧です。本当の高僧は、僧侶の肩書きがなくても、人から尊敬される高い能力があるのです。

東大寺の大仏建立に貢献《こうけん》した行基菩薩《ぎょうきぼさつ》は、公共事業をやっていました。困った人がいたら、川に橋をかけたり、干拓《かんたく》事業を行っていたのです。信者と一緒に、橋や道を作って、困っている人を助けていたのです。

そういう人しか、位が高い龍神は守護しません。守護をする価値がないのです。

○守護霊に頼んで龍をコントロールしてもらう

守護霊に頼んで龍を動かす方法は、「先祖霊の中で龍を動かすことが出来る高級霊さん、自分はこういう目標があります。こういう努力をしますので、守護していただけませんか」と祈ります。

龍が守護をしてくれるまでお祈りを続けるのです。努力をしながら祈り続ければ、3ヶ月、半年以内に、とりあえず助っ人の龍を動かせる先祖霊を呼んでくれます。あなたの努力が続けば、高級先祖霊が守護をしてくれます。しかし、**ちょっと調子が良くなって努力とお祈りをやめれば、守護をするのをやめて助っ人の龍を動かせる先祖霊は霊界に帰ります。**

○神社の神様に龍を動かしてもらう

神社の神様には、参拝した時に、「こういう目標があって、こういうことをやりたいと思います。神様の御眷属の龍神や龍、白蛇等のご助力もよろしくお願いいたします」とお願いします。

そして、必ず龍が守護していると確信します。確信が大切です。

「必要があれば、龍神にも守護していただけますように」とお願いをすると、99％の人は、「龍が守護をする必要はない」と神様が判断します。私の他の本を読んだ人は、「必要があれば」という台詞が大事だと思うはずです。しかし、龍を動かしてくださいというお祈りには、「必要があれば」という台詞をいれないでください。神様が判断して、1キロの龍神を呼んでくれる事もあれば、10メートルの龍蛇《りゅうだ》を呼ぶこともあります。その人にふさわしい、なんらかの龍系統の眷属《けんぞく》を派遣してくれます。

目標があって、努力をしていれば、神仏に「龍を貸して下さい」と真剣に頼めば、1センチくらいの蛇神《だしん》が3日間守護をするだけかもしれません。それでも、貸してくれるのです。

○まともな善龍に守護されるポイント

龍に守護してもらうポイントは、とりあえず、神様や守護霊にお祈りをして、努力していれば1度は龍が守護しに来てくれるということです。その龍が大きいか、小さいか、パワーがあるか、弱いかは別です。神の眷属《けんぞく》や先祖の高級霊が使う野良ではない龍が守護してくれるのです。

守護霊にお願いする時のポイントは、「山伏や修験者、行者の先祖霊がお祈りしていた野良龍や自然龍ではなく神様の眷属の龍神さんを動かしてください」とお願いしてください。**「先祖霊の中で一番、力がある方で龍を使える高級霊を守護神の許可を貰って、守護してください」とお祈りします。**

先祖霊の中にも、行者《ぎょうじゃ》や山伏《やまぶし》等で野良龍を使っていた霊能者の霊がいます。**守護神の許可を貰った高級霊**という言い方をしないと霊能者の低級先祖霊に憑依《ひょうい》されるのです。龍を使えるだけなら、野良龍や自然龍を使っていた霊能者のレベルが高くない先祖霊もいます。**高級霊に守護してもらうことが大切なのです。**

◯渋沢栄一を守護した龍神

日本資本主義の父である渋沢栄一は、論語を指針にして修養をしていました。しかし、女癖《おんなぐせ》が悪すぎます。愛人も、何十人もいました。渋沢栄一は、世の中のために経済を発展させました。ですから、龍が守護をしていたはずです。三菱財閥創業者の岩崎弥太郎が龍の守護を受けていたというスピリチュアリストもいます。岩崎弥太郎も龍の守護を受けていたでしょう。しかし、世のため、人様のためでだけはなく若干、強欲にビジネスをしていたので、守護していたのはランクが高い龍ではないはずです。

龍に守護されると、本人の能力も重要ですが、財閥を作ること事などたやすいことなのです。

渋沢栄一のように社会貢献をしている大実業家や大政治家しか龍神は守護しません。**大人物を龍は守護するのです。**

○どの神社に龍神がいるのか？

あまり具体的に神社名を書かない方が良いのですが、**滋賀県の竹生島神社《ちくぶしまじんじゃ》には龍がいます。**琵琶湖の中にある竹生島に竹生島神社があるので、フェリーでお参りに行くのです。弁財天を祀っている総産土神社には、龍神がいます。**広島県の厳島神社、神奈川県の江島神社、福岡県の宗像大社も龍神がいます。**

また、長野県の諏訪大社にも龍神がいます。よくお祈りすれば、龍神に守護してもらうことが出来ます。

エリアの総産土神社には、龍神が必ずいます。エリアの総産土神社とはなんでしょうか。一言で説明すると、関東地方のような大きなエリアで一番、パワーのある神社のことです。

昔は、村々の神社や鎮守《ちんじゅ》に神様がいました。けれど、明治以降の近代化で神様が降臨《こうりん》できなくなったのです。龍は、水と森がないと生きられません。白蛇も同じです。

龍が生きるには、近くに綺麗な池や湖等の水場があって、そこで鯉を飼って、樹木を整備しないといけないのです。登竜門《とうりゅうもん》といって、中国には鯉が流れの激しい滝を登ることができれば龍になると言われています。龍がいる神社には鯉がいるのです。

神社の近くに、湖があればそこに龍が住んでいます。池や湖がある場所に龍がいるのです。湧《わ》き水が出るところにも龍はいます。しかし、浄水場やダムのように人工的な場所には、龍は住めません。川も流されるので、定住は出来ません。池に鎮まって、昼間は川で泳いでいることもあります。休む時には、流れがない水場が必要なのです。龍が住む池は、コンクリートで固めない方が良いのです。

埼玉県の三峯神社、長野県の諏訪大社、大分県の宇佐八幡、福岡県の宗像大社、都道府県単位ではなく、関東地方、中部地方のように大きなエリア単位の一番、有力な神社に龍神は必ずいます。昔は、神様や龍神が暮らしていた神社でも都市化で住めなくなって、引っ越した龍神も多いのです。

琵琶湖や諏訪湖、大きな湖で綺麗なところに龍神は逃げています。

ただし、湖には龍神もいますが、野良龍も多くいます。ですから、湖で祈らない方が良いのです。野良龍は、神様が管理をしていないので危険です。湖で、神の眷属の龍が話を聞いて守護してくれても、龍を管理する主祭神の許可を貰って守護しているわけではありません。

龍や白蛇は、眷属です。眷属は、神様の家来です。野良龍や野良の白蛇は、管理者がいません。そのため、暴走した時に、止めて貰えません。ですから、湖や滝、湧き水があるところ等で龍に祈るのはやめましょう。神社の神様にお願いして、眷属の龍を派遣してもらってください。それが一番、安全な方法です。

○絶対神と総産土神社の関係

絶対神、最高神、天照大御神、総産土神社の神様、守護神、守護霊、背後霊《はいごれい》、先祖霊について説明します。龍や白蛇を動かすには、神々の指揮系統を正しく知る必要があります。

絶対神は、宇宙を創造し、神々を作った存在です。最高神は、絶対神の代わりに役目に従って仕事をしています。天照大御神は、日本の神界の最高責任者です。総産土神社は、関東地方等で一番、パワーがある神社の神様です。

守護神は、守護霊の上司です。人間は、守護神と守護霊が守護をしています。しかし、守護神は、同時に何百人、何千人、何万人の守護をしています。そのため、人間を直接、守護する責任者は守護霊です。そして、守護霊と5人～20人前後の天国や上位の霊界にいる先祖霊で人間を守護しているのです。人間を守護する許可を守護神に貰った先祖霊を背後霊《はいごれい》といいます。**龍を動かす場合、神社の神様や守護神、守護霊にお願いをする必要があります。**その時に、絶対神、最高神、天照大御神様に、神社の神様や守護神、守護霊にお願いすることをお祈りしておくのです。人の運命は最高神が管理しています。しかし、人の運命の最終決定権は絶対神が持っています。

龍を守護霊に加える場合、絶対神や最高神、天照大御神の決裁が必要です。龍を使える高級霊の人事権は、絶対神や最高神が持っています。普通の守護霊の人事権は、守護神が持っています。高級霊は、人間世界でいえば大企業の社長候補です。

そこで、守護神だけではなく、絶対神や最高神、天照大御神様にもお願いするのです。こうした話は、青林堂から出版した5冊の本に詳しく書いてあります。

○弁天町には水龍神がいた

私の実家の近所に弁天町があります。しかし、埋め立てられて池がありません。弁天町は多くの場合、江戸時代に弁財天や水龍神がお祀りされていた池があった場所です。けれど、開発で池を埋め立ててしまったケースが多いのです。

村の小さな神社や弁財天の祠《ほこら》は、開発で埋め立てられてしまっているのです。最近、実家の近所の神社の由来を調べていると白龍神が祀られているのがわかりました。もともとは、弁天町で祀られていた白龍神を池のない小さな神社に合祀《ごうし》したのです。昔は、白龍が住む池があり、そこにお祀りされていたのです。龍や白蛇は、水がないと住めません。江戸時代には、たくさんいた龍も神社に住めなくなっているのです。

○龍の奇跡は教えない方が良い

龍が守護すると天気雨が降ってきます。龍は、映画『天気の子』のように天候を変える事も出来ます。映画では、ヒロインを人柱として求めました。人間の人柱《ひとばしら》が必要な龍は、龍神ではありません。典型的な自然龍です。龍神は、エネルギー補給をするために卵で我慢をしてくれるのです。

龍がいる神社で、祝詞《のりと》を唱えると池の鯉が飛び上がったりすることもあります。あまり教えない方が良いので、私自身の体験談は書かないようにしています。けれど、ちゃんと不思議な現象が起こっているのです。

不思議な現象が起きなければ、龍がいるかどうかわかりません。龍が守護をすると、不思議な現象は起こります。けれど、絶対に人に教えないでください。奇跡体験を人に教えると、龍が帰ります。

○病気は病院で治すこと

龍は、一瞬で病気を治すことが出来ます。手術をするための最後の検査で癌《がん》等が消えていたりすることも起ります。しかし、神の奇跡を期待すると治してくれません。私は、生活習慣病になったので、週に2回、ウォーキングをして、麦飯を食べています。私が自分の病気を祈って治したら、読者が病院に行かなくなる危険性があります。病気は、運動と食事療法で医者に行って治した方が良いのです。ウォーキングを続ける根性を与えたり、麦飯を続ける忍耐力を与えるのが正しい龍の守護なのです。

○縁がある龍に文句をいわないこと

神様にお願いをすると、あなたに縁がある龍が来ます。こういう龍が良いとか文句を言わないようにしてください。龍に対する注文があるなら、神社でお参りする時にこういう龍だと嬉しいですとよくお願いをしておくのです。

私の場合は、「1点目、私を守護しても良い龍。2点目、お供えの待遇に文句をいわない龍」の2点です。

お供えの待遇というのは、毎回、純米大吟醸をお供えしろとか、酒樽《さかだる》が良いとか、卵は2パック以上でといったセレブ待遇は無理ですよということです。一般的な神棚《かみだな》にお供《そな》えするお酒や卵はお供えします。

コンビニで売っている純米酒で我慢できる龍です。

○龍の祀り方

家で龍をお祀りする時は、1日と15日に、お米、卵、お酒、塩、水をお供えすれば十分です。お米と塩と水は毎日、変えてください。お酒と卵は月に、1、2回で大丈夫です。お酒の量もお猪口《ちょこ》で良いのです。酒樽《さかだる》いっぱいになるとイメージをしてお供えすれば、霊界で量が増えます。

「龍が溺れる酒の量にしてください」とお祈りして霊界で増やしてもらうのです。少ないと思うと霊界で少なくなります。**お米と塩、水は毎日、変えてください。**卵とお神酒《みき》は月に1回以上は最低でもお供えしてください。ワン・ルームマンションの場合、子供用の風邪薬や薬用養命酒の小さなカップに米や塩、水、酒を入れます。あるいはアルミホイルで小さな器を作って、米、塩をお供えします。神様はお供えがなくても守護を止めません。

龍や白蛇は、米、塩、水は毎日、お酒と卵は月に1回か2回、毎週1回はお供えします。**卵とお神酒のお供えが月に1回以下になると、龍や白蛇は守護を止めます。**

霊界は、イメージで量を増やせるのです。お酒と卵は、毎日、お供えをすると龍や白蛇に依存するようになります。怖いのは、卵とお酒をお供えすると、良いことが起こる場合です。

客商売で、お供えをした日は、売り上げが増えたら一生、お供えを続けることになります。そうすると、努力がおろそかになります。**そのため、神が派遣した眷属《けんぞく》の龍や白蛇は、途中で守護をストップして、努力をさせるのです。**

お酒と卵を毎日、お供えするだけで、売り上げが３ヶ月以上、増え続けたら神仏や守護霊が龍をコントロールが出来ていない危険な状態です。野良龍、自然龍、悪龍です。

１週間とか１か月くらいなら、信じさせるために、売り上げが増え続けることもあります。

あるいは、あなたが、努力とスキル・アップをしているのなら売り上げが増えても問題ありません。

○龍は極端なことが出来ます

いきなり癌《がん》が消えるといった不思議なことを出来るのが龍です。龍は、片想いの人と偶然、出会わせてくれます。守護霊より、極端なことが出来ます。しかし、**人間は努力し、スキル・アップするために生まれてきたのです。**神仏と守護霊が守護のメインです。龍がメインにならないように気をつけることが大切です。龍がメインになったら、神仏や守護霊が守護を出来なくなるのです。

龍は神ではありません。**位が高い龍神は、偉人しか守護しません。**偉人になれるように努力して下さい。

○神様へのお中元とお歳暮

神様へのお中元とお歳暮が、奉納金《ほうのうきん》や奉賛金《ほうさんきん》です。困った時の神頼みといいますが、1回か2回は助けてくれることもあります。けれど、困った時だけ神頼みに来る人を神様はあまり守護しません。

毎年、お中元、お歳暮を送り続けている人を守護してくれるのです。困った時の神頼みというのは、困ったことが起こるから神頼みにいくのです。**奉納、奉賛をして、努力をしていれば、なるべく困らないようにしてくれるのです。**

○諏訪大社の御柱祭や江島神社ののぼり旗

7年に1度、諏訪大社では御柱祭《おんばしらさい》があります。神社では、奉賛金を集めています。石川県の白山比咩神社《しらやまひめじんじゃ》では、屋根の修復のための銅版奉納ができます。御柱祭のようなお祭りの寄付や、神社修復のための寄付は、神様が喜びます。祈祷よりも、見返りを求めない寄進は神様への純粋な信仰心がなければできません。ですから、神様が気にかけてくれるのです。神様が気にかけてくれるので、守護をしてくれるのです。

江島神社では、江島弁財天というのぼり旗と龍宮大神というのぼり旗を毎年、奉納することが出来ます。旗を奉納すると1年間、弁財天や龍宮に名前、住所、願意を書いて飾ってもらうことが出来ます。また、江島神社では、毎月のお供えを奉納することができます。

龍宮大神は、江島神社の龍神です。エゴの欲心を捨て、努力とスキル・アップをして財閥を作ったような龍の守護を受けて、大繁栄の人生を正しく歩んで欲しいと思います。

第4章

気さくに白蛇に守護してもらう方法

○小回りのきく守護を白蛇はする

これまでの章では、龍の説明をしました。この章では白蛇等の蛇神《だしん》の説明をします。

龍は、空を飛翔《ひしょう》し、財閥を作る守護をしてくれます。中国では皇帝のシンボルです。**皇帝のような権力も龍が守護すれば手に入れることが出来るのです。**では、なぜ白蛇等の蛇神に守護してもらう必要があるのでしょうか？

龍は、絶大なるパワーがあります。**国そのものを手に入れる圧倒的なパワーもあります。**

しかし、普通の人が国を貰っても、逆に困りませんか？

龍は、普通の人を守護するにはパワーが強すぎるのです。龍は、国を牛耳《ぎゅうじ》るような大きなことは得意です。**小さな龍でも、神仏や守護霊が動かす龍は1店舗しかなかったお店をチェーン店にする機運、チャンス、根性、財運等をオールマイティーに与えてくれます。**けれど、私のところに送られてくる読者の相談は、収入を増やしたいけれど何をしたら良いのかがわからない。あるいは、貧乏でスキル・アップをする資金がないという相談です。

龍は、経営者や政財界のリーダー向けの守護霊です。これから、新しくお店を作りたい。

貧しくて勉強をする資金もないという人の悩みは龍が守護するには、小さな悩みすぎて、龍もどのように守護をして良いのかがわからないのです。

もちろん、守護霊や神社の神様は、そうした小さな悩みを解決するノウハウを持っています。**けれど、龍には小さなお悩み解決のノウハウはありません。**神龍や位が高い龍神は、小さな悩みを解決する智恵やノウハウを持っています。しかし、そのレベルの龍神が守護をしてくれる人であれば、強力な守護霊が守護しているので守護霊が助けてくれて、自力で悩みを解決しているはずです。

悩みの解決は、あなた自身が努力をして守護霊にサポートしてもらい、解決すべきです。それにプラスをして、神様や仏様に守護をして貰うのです。それでもダメなら、龍や白蛇にも助けて貰うのです。努力もしない、スキル・アップもしないで、白蛇に金運をアップして貰ったり、結婚の縁結びをしてもらうと、**蛇の色が真っ黒になり黒蛇になります。**そして、**黒蛇に守護された人は、強欲な人が落ちる地獄で何百年も苦しむことになります。**

龍や蛇神《だしん》の守護は、毒にも薬にもなるのです。使い方を間違えると地獄に落ちるので、他の本でやり方を教えなかったのです。

龍や白蛇に祈るのであれば、スキル・アップと努力、世のため、人のための利他の精神、こうした大原則を絶対に忘れないようにしてください。

○金運を運んでくる白蛇

白蛇は金運を運んできます。金蛇も金運を運んできます。白蛇や金蛇は、お金そのものを持ってくることもあります。守護している人間を、宝くじに当てることもあります。パチンコや競馬、競輪に勝たせることもあります。**あなたが購入した株や投資信託、外貨預金、不動産が驚くほど値上がりすることもあります。**

こうした現世利益は、ありがたいと思うでしょう？　大間違いです。もし、そうした驚くような奇跡《きせき》が起り始めたら、あなたの守護霊は守護をやめ、白蛇が悪霊の黒蛇になっているのです。

白蛇は、小豆相場や米相場、ＦＸ、金相場や株の値上がり、値下がりも1週間から1ヶ月程度の近未来であれば未来予知をすることが出来ます。

そして、守護をしている人に直感でなんとなく値上がりしそうだなとか、値下がりするなということを教えてくれるのです。ウハウハの御利益と言えます。

勝負運が強い相場師には、白蛇が守護して直感を与えていることも多いのです。しかし、そうした相場師も晩年は、病気で苦しみ、子孫は相続争いでもめ、苦しんで死んでいくのです。**そして、死ねば必ず地獄に落ちます。**

そう、守護されている人の欲望で、白蛇が悪霊の黒蛇になっているのです。**白蛇が黒蛇化する理由は、人間の欲望と怠け心です。**努力をしない怠《なま》け心です。『大開運』（林雄介、青林堂）では宝くじを当てる神はいないと書きました。宝くじを当てる神はいません。守護霊も絶対に宝くじを当てません。しかし、白蛇は、神様の家来の眷属《けんぞく》です。眷属《けんぞく》は、神や高級霊ではありません。ですから、宝くじを当てるのです。**そして、その宝くじが当った人は、最終的には必ず不幸になり、地獄に落ちるのです。**

龍は修行をすれば、龍神という神になれます。龍は、頭が良いので、宝くじに当てません。宝くじを当てたら、守護をしている人間が努力をしなくなるなと考えるので、競馬やギャンブルに勝たせることもありません。しかし、白蛇は守護している人間が不幸になるかどうかを考えません。**はっきり書くと考える能力がないのです。**

○白蛇は恋愛で成功させてくれる

白蛇は、恋愛をさせてくれます。そういう縁を、未来予知で見つけてきて、あなたを異性と出会わせてくれるのです。また、こういうことをしたら、異性が喜ぶという智恵を直感で教えてくれます。さらに、**Hな魅力がアップするので意味もなく異性にモテます。**水商売で働く人が、意味もなく異性にモテる場合、蛇神《だしん》が守護をしているのです。

蛇神《だしん》は、龍のようにマクロ・レベルで考えません。そのため、とりあえず恋人を作ってくれます。しかし、白蛇が結んでくれた縁が良縁かどうかはわかりません。白蛇は恋愛運をアップさせる働きがあります。出会いを増やしてくれたり、異性にモテるようにしてくれます。**はっきり書くと性的な魅力がアップするのです。**けれど、結婚運を与えることはできません。結婚運は、白龍や神社の神様が与えてくれるのです。

しかし、白龍だけが守護していても、小さな恋愛運を与えるのは苦手です。そこで白龍と白蛇、セットで守護をしてもらえば、白龍がおかしな相手と結ばれないようにしてくれるのです。そして、白蛇がマッチング・アプリで結ばれそうな異性を探してきたり、職場やサークルで縁がありそうな異性を見つけてきてくれるのです。**龍はマクロ、蛇神はミクロの守護が出来るので、両方に守護をして貰うことがベストなのです。**

○白蛇は病気を治してくれる

慢性病《まんせいびょう》等を治すのも白蛇は得意です。ただし、命に関わる病気は龍しか治せません。難病《なんびょう》奇病《きびょう》も龍しか治せません。それ以外の花粉症や風邪、胃痛や胃潰瘍《いかいよう》のような放置しても死なない病気を治す事は、蛇神《だしん》は得意です。

スピリチュアリスト等で花粉症や喘息《ぜんそく》等を治すことができる人は、白蛇が守護をしているのです。

ハンドパワー系の手かざし、気功、レイキは蛇神が守護して病気治しをしているのです。

○白蛇が祟るとどうなるか

白蛇が祟るとどうなるのでしょうか？　龍より簡単に白蛇は祟ります。眷属《けんぞく》や守護霊は、位が高いほど賢い存在です。賢ければ、簡単には祟りません。白蛇は金運を与えたり、幸運パワーを与えたり、異性を惹《ひ》きつけることはできます。けれど、それほど賢い存在ではありません。賢ければ修行をして、龍になり龍神になります。**白蛇は、幸運製造機です**。あなたをラッキーにしてくれます。けれど、それほど賢い霊ではありません。ですから、怒らせるとすぐに祟ります。

白蛇に祟られると貧乏になります。また、絶対に、結婚をさせません。学歴、職歴、性格、ルックスに問題がない人でどうしても結婚が出来ない人は、蛇神《だしん》の祟りを疑うべきです。先祖が白蛇の住む祠《ほこら》を壊したり、白蛇の住む池を埋《う》めたり、白蛇が住む森を伐採《ばっさい》したり、白蛇の御神体を貰ってきて捨てたり、お祀《まつ》りするのを止めて祟っていることが多いのです。今まで、本に書かなかった理由は、こうした霊を祓って欲しいという手紙が大量に来るからです。私は蛇神《だしん》を祓えます。けれど、10年単位の時間がかかるのです。

あなたの先祖が祠等を壊していなければ、蛇神《だしん》は巻末の相談券を出してくれれば、祓えます。ただし、先祖やあなたが祟られる理由を作った場合、神仏が祓うのを拒否します。自業《じごう》自得《じとく》だからです。

また、爬虫類《はちゅうるい》の蛇を殺しても蛇神《だしん》として祟ることは絶対にありません。爬虫類の蛇は、

3次元世界の生き物です。

蛇神は4次元世界の生き物です。**3次元世界の蛇が4次元世界の白蛇や黒蛇になることは絶対にありません。**別の生き物です。しかし、食べられることが少ない生き物は、殺して食べると必ず祟ります。蛇のような一般的に食材ではない動物は殺して食べると祟ります。殺された動物の霊は、人を殺しに来ることはありません。けれど、体調不良の原因にはなります。**普通の人が出来る動物の供養は、観音様にひたすら祈ることです。ペットの供養も観音様に祈るのです。**

さて、白蛇よりも厄介なのが、金蛇です。**金蛇は祟ると殺しに来ます。蛇神で殺しに来るのは、金蛇と黒蛇です。**金蛇は龍に近いパワーがあるので、守護してくれれば成功運が何十倍にもアップします。けれど、祟られると命を奪われるのです。

死にそうな病人は、白蛇には治せないと書きました。けれど、龍に近いパワーがある金蛇は治すことが出来ます。**死にそうな病人を治す霊能者や行者、スピリチュアリストは金蛇が守護をしているのです。**

○白蛇に欲心で祈ると黒蛇になる

黒蛇は、100%、悪蛇です。蛇神には、白蛇、青蛇、金蛇、赤蛇、緑蛇、いろいろな色の蛇がいます。龍のように蛇の色は、得意な御利益を表わしています。**そして、真っ黒な蛇《だ》神《しん》は、悪蛇なので人を殺します。**白蛇に守護されていても、御利益を貰って、強欲な人になると蛇の色が黒く変わっていくのです。そして、白蛇に守護されていたにも関わらず、白蛇が守護をやめ、黒蛇が憑依《ひょうい》してしまうのです。パワースポットで、「宝くじを当ててくださ い。お金持ちにしてください」とお酒や卵をお供えしている人は要注意です。黒蛇に憑依《ひょうい》される可能性が高いのです。

また、山伏、行者、修験者も世のため、人のために修行をする人はほとんどいません。自分の病気を治したいとか、霊能者としてチヤホヤされたいという欲望で修行をする人が多くいます。そのため、多くの場合、霊場にいる黒蛇に憑依されています。

山伏《やまぶし》や修験者仲間で、その組織を抜けると呪われて死ぬという団体があります。典型的な黒蛇行者です。宗教や霊能者集団、スピリチュアル・グループを抜けたら死ぬと信者を脅《おど》している団体は、グループ全体が黒蛇に憑依《ひょうい》されています。

本物の龍と蛇神は、人を殺すだけの力を持っています。**普通の悪霊は、運動嫌いにして生活習慣病にしたり、免疫力を弱めたり、アルコール依存症等にして徐々に人間を弱らせて殺そうとします。**けれど、龍や蛇神はパワーがあるので、いきなり殺しにきます。心筋梗塞《しんきんこうそく》や脳梗塞《のうこうそく》で殺すのです。龍や蛇は、心臓を止めることができます。病気を治せるパワーがあるということは、病気にして人間を殺せるのです。

○お手軽に白蛇に守護して貰うテクニック

白蛇に守護をして貰う方法は、龍に守護をして貰う方法と同じです。1点目は、神社の神様にお願いして眷属《けんぞく》の白蛇をレンタルするのです。2点目は、先祖霊の中で白蛇を使いこなせる高級霊を探してくるのです。

では、どんな先祖霊が白蛇を使いこなせるのでしょうか?

白蛇を使いこなせるのは法華経《ほけきょう》行者《ぎょうじゃ》の先祖霊です。仏教には『法華経』というお経があります。弁才天や現世利益に強い仏様を動かす経典は、3つあります。1つは、『大日経』

のような密教のお経です。２つ目は、『金光明最勝経《こんこうみょうさいしょうきょう》』（金光明経）というお経です。日本に密教が入ってくる前は、『金光明経《こんこうみょうきょう》』で弁才天や毘沙門天にお祈りをしていました。そして、最後が『法華経』です。『法華経』は、聖徳太子、比叡山の伝教大師、日蓮が熱心に信仰していたお経です。

『法華経』を世のため、人々のために唱えて、修行し、人々の幸せのために生きてきた立派な僧侶が、白蛇を使いこなせるのです。

『法華経』を信仰する天台宗、日蓮宗の高僧の先祖霊は白蛇を使いこなすことが出来ます。

法華経は、あらゆる仏と眷属《けんぞく》を呼ぶことが出来るのです。

日蓮は、処刑されかけた時に、鎌倉の鶴岡八幡《つるがおかはちまん》や江島《えのしま》神社の神に祈り処刑人が持っていた刀に雷を落として命が助かったと言われています。

法華経を究めれば、あらゆる龍神、蛇神を呼ぶことが出来るのです。ただし、日蓮は神道、仏教、儒教、道教も勉強しています。法華経だけを熱心に唱えても、聖徳太子、伝教大師、日蓮のような高い学問、「絶対に人々を救うのだ」という覚悟と行動がないので、神仏ではなく、神仏の眷属《けんぞく》の白蛇が来るのです。

立派な山伏や修験者の中にも蛇神《だしん》を使える人はいます。ただし、欲を捨てて、深い学問がないと黒蛇を呼び込んでしまいます。そこで、山伏《やまぶし》や修験者の先祖霊には頼まないほうが安全だと思います。山伏や修験者は、変な死に方をする人が多いのです。**黒蛇の祟りです。**

○黒蛇と金蛇は特に危険

金蛇は、悪蛇ではありません。ただし、パワーが強いので使いこなせる先祖霊はほとんどいません。**はっきり書くと金蛇を使える先祖霊なら龍を動かせます。**

金蛇を動かすには、無私無欲《むしむよく》で利他《りた》の学問をして、慈善事業をしていた日蓮宗や天台宗の僧侶の先祖霊に頼むのがベストです。ただし、ピュアに信者さんのために祈り続けていた頭の良い日蓮宗の僧侶は、日蓮に帰依《きえ》していた七面大明神《しちめんだいみょうじん》を動かせるのです。七面大明神は龍神です。七面大明神は日蓮のファンだったので、日蓮宗の僧侶を守護してくれるのです。

龍を使える守護霊より、蛇を使える守護霊の方が少ないのです。守護霊になるような人は、渋沢栄一のように、日本のために経済を発展させようとします。

白蛇は、日本のためではなく、自分や家庭の守護のために働く眷属《けんぞく》です。

信仰心と学問がある人は、自分や自分の家族の幸せだけではなく、世の中の多くの人の幸

せを祈ります。

そうすると龍が守護をするのです。日蓮宗の僧侶も、「目の前に病気で困っている人がいる。どうかこの人を治してあげてください」と祈ります。貧乏で苦しんでいる人がいれば、この人の貧乏を救ってくださいと祈ります。**自分のためではなく、信者の病気や貧乏という小さな苦しみを救ってくださいと祈っているので白蛇が来るのです。**

同じ僧侶が、「日本を救ってください」と祈ると七面大明神や神仏が来ます。**村のお寺等で、村人の人生相談を受けて、ピュアに祈り続けていた僧侶が白蛇を動かせるのです。**

ピュアな僧侶が、神仏の眷属《けんぞく》の白蛇を呼べる理由は、村人の病気治しや金銭問題の解決に、龍神や八大龍王《はちだいりゅうおう》が降臨《こうりん》してくる必要がないからです。

○大物主大神が化身する白蛇大明神

奈良県の大神神社《おおみわじんじゃ》の大物主大神《おおものぬしのおおかみ》は白蛇に化身することができます。日本最強の大白蛇神《だいはくだしん》です。神様が龍に化身するように、**必要があれば白蛇神や金蛇神、青蛇神等に神社の神様は化身することが出来ます。**神龍に化身できる神様なら、神蛇に化身することが出来ます。

しかし、神蛇に化身してくれることは、レア・ケースです。なぜ、神社の神様が蛇神に化身するのでしょうか？　それは、人間を助けるためです。神龍《しんりゅう》は国が滅亡《めつぼう》しそうな時に、神仏が化身します。**神蛇《しんだ》は、信仰心が篤《あつ》く、努力とスキル・アップを続けている人が神様にお願いした時に化身します。**ポイントは、「for me」の利己的な祈りではなく、「for you」の利他的な祈りの時にあなたを救うために、わざわざ神社の主祭神が蛇神に化身してくれるのです。

例えば、会社が倒産して従業員を大量解雇しなければいけない場合や連鎖倒産で取引先も大量倒産するような場合に事業を再生するために白蛇大明神《しろへびだいみょうじん》になるのです。

では、大神神社では、どのようにお祈りをすれば良いのでしょうか？　まず、大神神社でご祈祷《きとう》を受けます。祈祷を受けている時に、白蛇大明神に化身してお助けくださいとお願いをするのです。大物主大神様ではなく、白蛇大明神に化身して守護して貰うことが大事なのです。神様は、頼まないと化身してくれません。しかし、化身するかどうかを決めるのは、神様です。神様が努力をしていて、まともな人生を歩み、良心的な祈りで化身する価値があると認めれば、化身をしてくださるのです。祈れば、無条件に化身してくれるわけではありません。

また、各エリアの総産土神社の神様が神龍より小回りが利く人々の救済をする時のお姿も白蛇大明神です。

白蛇大明神は、総産土神社の神様であれば化身できます。御祭神によっては、金蛇神や青蛇神に化身することも出来ます。総産土神社の神様は、位が高いので必要があれば、直々に神蛇《しんだ》に化身してくださるのです。

○総産土神社の神様に頼む

総産土神社には、必ず白蛇がいます。最低でも万単位の白蛇や眷属《けんぞく》の蛇がいます。普通の神社でも、池があれば、龍はいなくても白蛇はいます。**ただし、白蛇は簡単に祟るので総産土神社の神様にお願いして守護して貰うことが大切です。**

総産土神社の神様によくお願いして、「龍神や白蛇の御眷属《ごけんぞく》様のご守護をいただけますように」とお祈りします。**ポイントは、絶対神、最高神、天照大御神様、総産土神社の主祭神に同じ事をお祈りしてください。**そして、「主祭神や守護神、守護霊経由で白蛇を使えるように、ご守護ください」とお願いしてください。**「主祭神や守護神、守護霊経由で白蛇を使**

えるようにしてください」というお祈りを省《はぶ》くと、白蛇だけが守護をしに来て、非常に危険です。神仏や守護霊が白蛇をコントロールしている状態が、唯一安全に白蛇に守護される秘《ひ》訣《けつ》です。

○白蛇にのめりこむと怠《なま》け者になる

龍と蛇の使い方は、今まで他の本では教えるのを控《ひか》えてきました。読者の相談でも、宝くじをあてでくれとか、○○さんと結婚させてくれという利己的な祈祷のお願いが多いのです。そういう読者が龍や白蛇を呼ぶとどうなると思いますか？　**欲深い人が、龍や蛇に守護されると不幸になるのです。**

本人も学問と修養がないので、強欲なことを神仏に頼んでいるという自覚がないのです。

そういう人達に、龍や蛇の使い方を教えると龍や蛇ではなく、悪霊を呼び込むから教えなかったのです。

そこで、善徳が重要であるという『大開運』、『大幸運』、『あなたもなれるライト・スピリチュアリスト入門』、『先祖供養で運勢アップ！』、『読むだけで神になれる本』で順番に勉強をして貰ったのです。そして、何より、私は開運本よりたくさんの常識的な勉強法や政治、経済、社会の仕組みの本を書いています。**そうした本でこの世の常識的な努力のやり方を学ぶことが大切なのです。**現世利益を与える眷属《けんぞく》は、無欲になる修行、スキル・アップ、努力、そして社会常識を身に付けてお願いをしないと守護されたせいで不幸になるのです。

龍や白蛇を動かすポイントは、自分の強欲さに気づくことです。自分が欲深いという自覚と反省がないと金運を与える白蛇の守護は危険なのです。

スキル・アップと学問をしながら、守護霊に守護された状態で、白蛇にも守護をして貰うことで貧困から抜け出すのです。

○白蛇の金運を正しく使う方法

あなたの守護をしている守護霊がたいていのことは出来ます。守護霊がきちんと守護をしていれば、龍や白蛇まで動く必要はありません。**大原則は、神仏と守護霊に守護をして貰うことです。**龍や白蛇は、エナジー・ドリンクのようなものです。大量に服用し続ければ健康に深刻な悪影響を与えるのです。

強欲な人は、悪霊の黒蛇に憑依《ひょうい》され地獄に落ちます。白蛇は、無欲な人しか守護が出来ないのです。白蛇は、金運を運んできます。金運だけではなく現金も運んできます。ただし、無欲に世のため、人のため、自分もお客様も、世間も、神仏も喜ぶ、四方良しの人しか守護しません。**「売り手よし、買い手良し、世間良し」の近江商人の三方良しでは、神仏や守護霊は動きません。**三方良しに神仏良しを加えた四方良しで神仏や守護霊がはじめて動くのです。龍や白蛇も四方良しなら、喜んで守護をしてくれるのです。人間が生きていくためには、お金が必要です。何のためにお金を使うのか？　世の中を良くするために使うのです。善徳を増やすために使うのです。学問とスキル・アップをするために使うのです。

そのために、龍や白蛇のパワーも借りるのです。

四方良しにするには、智恵と知識が必要です。頭が悪い人を、白蛇は守護出来ません。

○毎日、白蛇に祈らないこと

毎日、白蛇に祈らないでください。龍や白蛇はエナジー・ドリンクです。カフェインは大量に摂取《せっしゅ》すると死にます。毎日のお祈りは、絶対神、最高神、天照大御神、総産土神社の神様、守護神、守護霊に祈りましょう。蛇神《だしん》には、1週間に1回、月に3、4回以上、祈らない方が良いのです。どんなに多くても3日おきにしてください。

毎日、白蛇に祈ると必ず黒蛇化します。

○お供えは生卵と日本酒

白蛇のお供《そな》えは、龍と同じです。水、米、塩、生卵、日本酒です。日本酒は、なるべく純米酒にしてください。コンビニの1パック100円前後の純米酒で大丈夫です。お酒を呑《の》む人は、自分が呑《の》むお酒の値段より安いお酒をお供《そな》えしないでください。卵は、生卵です。ゆで卵や温泉卵や燻製卵《くんせいたまご》は龍や白蛇が困惑《こんわく》します。ちなみに、神である神龍や龍神はゆで卵や温泉卵を食べることが出来ます。お供えをした、生卵は必ず捨ててください。卵を捨てる理由は2つあります。1つは、龍や白蛇は卵の生気を吸収します。卵には邪気が宿ります。2つ目は、季節や時間によりますが、生卵は食中毒が危険です。

生卵は、水で洗ってからお供えをします。お米も一度、洗って笊《ざる》等で乾かしたお洗米《せんまい》をお供えします。

塩は、岩塩か自然塩の方が喜ばれます。毎日、お供えするのは水、米、塩、お酒です。卵は、月に1、2回、必ずお供えしてください。**注意点は、生卵を毎日、お供えしないということです。**

白蛇は、どこまで御利益を与えて良いのかがわかりません。**そこで、祈祷料の金額とお酒と卵のお供えの量で与える御利益を決めます。**こう書くと、毎日、生卵をお供えして、日本酒も樽《たる》でお供えをした方が御利益があると考える人がいると思います。毎日、生卵と日本酒をお供えすると白蛇が、現金を運んできます。この現金を受け取り続けると、神仏や守護霊があなたを守護することが出来なくなるのです。そして、あなたの欲望によって白蛇は悪霊化して、黒蛇になり不幸になるのです。**一時的にお金が入って来ても、最終的には破産に追い込まれるのです。**

白蛇に守護して貰う最大の注意点は、ほどほどの御利益以上を貰わないことです。1回でも白蛇を悪霊化させた人はどんなにお金に困っても白蛇を呼ぶことは出来ません。そして、スキル・アップをして、努力の成果が出始めたら白蛇はお祀りをしない方が良いのです。努力の成果が出るようになっていれば神社の神様や守護霊が必要がある時に、白蛇を派遣《はけん》してくれます。

神社の神様や守護霊経由で白蛇に守護をして貰わないと白蛇は祟ります。白蛇だけ呼んでくると、お祀りを止めると祟ります。お供えを毎日しないとすぐに祟ります。

○直接、白蛇に祈らないこと

蛇は欲望の化身です。直接、蛇に祈ると強欲になるのです。黒蛇化させないために、直接、願い事を白蛇に伝えないでください。神社の神様や、守護霊様に「このように白蛇さんにお願いしていただけますか?」と仲介をお願いするのです。

龍より簡単に守護してくれ、努力しなくてもきちんと御祀りすれば、御利益を与える白蛇は努力できない人は危険なのでお祀りしない方がいいのです。

○大神神社《おおみわじんじゃ》の蛇守り

奈良県の大神神社には、「みまもり」という白蛇のお守りがあります。蛇の形をしたお守りで台紙は、金色と白色があります。「みまもり」には白蛇が宿っています。大神神社《おおみわじんじゃ》の神様にきちんとお祈りをしてお祀りすれば、白蛇のお手軽な御神体になります。1年おきにお守りは大神神社でお炊き上げをして、新しいお守りを頂いてください。

これは、大神神社の主祭神に白蛇を動かして貰うための1年間限定の御神体です。くれぐれも、白蛇に直接、祈ることがないように気を付けてください。

○白蛇を呼ぶ奇跡の真言

『仏説大宇賀神《うがしん》功徳弁財天経』というお経には白蛇を呼ぶ真言が書かれています。

「おん・うがやじゃやきゃらべい・そわか」です。宇賀《うが》神は蛇神《だしん》です。弁財天の眷属《けんぞく》の白蛇を呼ぶ真言です。

『宇賀《うが》神将菩薩白蛇示現三日成就経』という凄いお経もあります。

このお経に書かれている真言を1万回、唱えると3日間でどんな貧乏な人でも、お金持ちになれると書いてあります。

真言は、「なむびゃくじゃぎょう・うがやじゃやぎゃらべい・しんだまに・ひんでんうんそわか」です。

左手をおへその前で、手のひらを上に向けて、右手の親指と人差し指をくっつけて円の形（ＯＫのサイン）にして、手のひらを下に向けてください。これは、弁財天の印《いん》です。この方法で、白蛇を呼ぶことが出来ると言われています。印は、真言を唱えながら結びます。

こうした真言や印を、数万円で教えているスピリチュアリストのセミナーがあるようです。

この方法で、貧乏から脱出することは出来ません。なぜなら、お金が欲しいという欲望の念で祈るので、黒蛇に憑依されるからです。真言も、紹介はしましたが、唱えない方が良いと思います。

このお経や真言で祈ると、白蛇だけがやってくるからです。白蛇だけなら良いのですが、お金が欲しいという想いで黒蛇を呼び出すことになると思います。自分でネット等で調べて、祈る人がいるので、「やるな」と注意をするために取りあげました。

○弁財天を呼ぶ方法

弁財天は、龍や蛇に化身できます。また、弁財天は、白蛇や白龍に化身します。銀龍や金龍に化身する弁財天もいます。仏様も、龍や蛇に化身するのです。仏様の姿で病気治しや金運を与えられない時に龍や蛇に化身します。

仏様に化身する龍もいます。江島神社、竹生島神社、厳島神社、宗像大社の弁財天は龍に化身します。白蛇への化身は、頼めばやってくれる神様もいます。**この本の読者は、私が祈祷するので、白蛇に化身してくださいと神様に頼まないでください。**神社の神様は忙しいのです。個人的な願い事を叶える為に蛇神に化身してくれることは、99％ありません。

大神神社の大物主大神は、化身してくれることもあります。大神神社の大物主大神の化身の白蛇は、龍より大きな白蛇大明神です。龍神と同じ大きさをしています。スピリチュアリストが頼んでも大物主大神は化身してくれません。**知事や国会議員が日本の経済を救ってくださいと頼んだときに化身する姿が白蛇大明神なのです。**

他の神社の神様は、頼んでも蛇神《だしん》に化身をしてくれないので絶対に頼まないでください。読者もこの本を読んで、いろいろな神社で試す人が必ずいます。変な悪霊を呼び込むので危険です。

もし、お祈りをしたいのなら、弁財天にお祈りしてください。

弁財天真言は、「おん・そらそばていえい・そわか」です。天津祝詞《あまつのりと》を唱えてから、真言を数十回唱えてお祈りします。

○運命を変えて幸せになろう

人は、世の中のために生きれば善徳という天界のお金が貯《た》まります。

善徳は幸せポイントです。幸せになるには、善徳を幸せに換金する必要があるのです。

努力をして、物事が上手くいく人は、前世と今世で幸せポイントを貯《た》めている人です。

幸せポイントがないと、努力が実らないだけでなく、努力そのものが出来ません。

不幸な人は永遠に不幸なのでしょうか？

そうではありません。1つは、地道に善徳を増やせば、必ず幸せになります。お金のことで苦労する人は、前世でお金のことで人を不幸にしているのです。

高利貸《こうりが》しが生まれ変わると、どんなに働いても貧乏になるのです。ブラック企業の経営者が生まれ変わると、自分が前世に人を苦しめたように劣悪な環境に生まれ変わります。

あなたがやったことが良い事も悪い事も、そのまま返ってきているだけなのです。

そして、あなたの幸せポイントの量は、家族に学歴があるか？　職歴があるか？　幸せな結婚をしているかを観察すればわかります。

家族全員、親戚全員が貧乏なのか？　あなただけが貧乏なのかを知ることが幸せになる第一歩です。家族全員が貧乏な場合、あなたは前世に高利貸《こうりが》しをしたり、大商人や地主として弱い立場の人からお金をむしり取っている可能性が高いのです。

そのことを反省して、今世はお金で人を幸せにさせて頂くのです。そう生きようと決意するのです。**あなたの尊い決意を神社の神様や守護神、守護霊が成就させるために龍神や白蛇をレンタルしてくれるのです。**

まともな善龍や白蛇は簡単には守護をしてくれません。**幸せポイントが大量にあれば、幸せポイントを使って善龍や白蛇を呼ぶことが出来ます。**しかし、幸せポイントが大量にある人は、前世、多くの人を幸せにした人です。そういう人は最初から優秀でパワーがある守護霊が守護しているので、最高の教育を受けることが出来ます。親ガチャという言葉があります。どんな両親の下に生まれてくるかで人生が決まるという意味です。

親ガチャは、幸せポイントに応じてふさわしい親のところに生まれてくるのです。

教育でも、親が賢かったり、教育熱心なら自然に勉強をするので、高学歴に育つ確率が高まります。**人間には、意識の壁があります。**開成高校の卒業生が当たり前のように東大に進学するのは、他の学生が東大に進学するからです。親戚縁者が、高学歴なら自分も難易度が高い大学を目指そうとします。

某首相のように、親戚縁者が東大卒の官僚しかいないと、世間では難関大学に分類される早稲田大学に入学したことが一生のコンプレックスになるのです。しかし、**某首相は、神仏に守護されているので東大に受からなかったのでしょう。**東大を卒業して、首相候補になった政治家はたくさんいます。けれど、ほとんどの政治家が首相になれなかったのです。

大きな天命《てんめい》がある人は、若い頃に苦労をして前世のマイナス・ポイントを減らしておくのです。また、若い時に挫折《ざせつ》をさせることで、努力家になるように育成するのです。

自分の親戚、家族、友人を観察すれば、あなた自身の運気は大まかにわかります。幸せポイントの量が多いからと油断をしていると使い切って、不幸になります。幸せポイントがない人は、これから増やせば良いのです。しかし、お金と同じで何かのきっかけがないと増やせません。この本をきっかけに、神仏、守護霊、龍神、白蛇にも正しくお祈りをして、幸せポイントを増やし、自分と家族以外の人を四方良しで幸せにしていくのです。そうすれば、雪だるま式に幸せポイントは増えていきます。

幸せポイントを増やすために生きなければ、龍や白蛇が守護する必要はありません。今ある不幸に心を奪われず、命があって学ぶことができることに感謝をしてください。そうすれば、神仏が喜びあなたの運命を改善してくれるのです。

第5章

さらに強力に龍や白蛇を動かすウルトラ秘伝

○龍より強い神様に頼む

今までの章で、基本的な龍や白蛇の動かし方を説明しました。これからは、いよいよ応用篇です。応用篇に入る前に、入門編のおさらいをします。

龍や白蛇、蛇神《だしん》は神様の家来の眷属《けんぞく》です。直接、願い事を頼まないでください。必ず、コントロールをすることが出来る神仏と守護霊を通して、頼みごとをしてください。そして、どこまで御利益を与えるかは、眷属《けんぞく》の龍や白蛇ではなく神仏や守護霊にお任せしてください。神仏や守護霊への祈り方、頼み方は、これまでに5冊、青林堂から開運本を出版しているので、他の本を良く読んで勉強してください。あらゆる龍を動かすには、宇宙や神仏を作った絶対神を信じて真心で、「for you」のハートで祈る必要があります。これは、あらゆる神仏、守護霊を動かす秘訣です。

それでは、より強力に龍や白蛇を動かす方法を説明していきます。

龍や白蛇は、普通の守護霊よりパワーがあります。そこで、神社の神様や龍を使いこなせる守護霊よりランクが高い超高級先祖霊に龍や白蛇をコントロールして貰いましょう。

ここまでは、今までの章で解説しました。では、具体的に、どの神仏に頼めば良いのでしょうか？

まず、諏訪大社や江島神社の神様は龍より強い神様です。こうした神々は龍を使うことが出来ます。龍に特に強い神様は、長野県の諏訪大社上社の建御名方大神《たけみなかたのおおかみ》や江島神社の神様です。神様の名前は、『古事記』と『日本書紀』で漢字が異なります。実は、神様の名前は、読み方が大切なのです。そこで、当初はタケミナカタのようにカタカナで本に書いていました。ただ、普通の読者が違和感を感じるようなので、漢字で表記をしています。漢字は、当て字でいくつかの意味があります。武甕槌大神《たけみかづちのおおかみ》は、建御雷之大神、武甕雷男神と記されることがあります。また、タケミナカタは、建御名方富命と「富」の字が使われることがあります。武甕槌大神は雷を落とせるのです。また、諏訪の神様は、名前を建てて（出世させて）富を与える神でもあります。出世させるというのは、龍の得意分野の1つです。

神様の名前は、私はカタカナで書いています。漢字は、大まかな神様の功徳を表わしているのです。けれど、文字に霊を宿す言魂《ことたま》では、読み方の方が重要です。

さて、諏訪の神様は、建御名方大神とその配偶者の八坂刀売神《やさかとめのかみ》様です。

諏訪には、ミシャグジ信仰があります。ミシャグジの正体には、諸説ありますが、蛇神と龍です。さらに、神仏習合をして神仏で祀られていたので、諏訪大明神、南宮法性大明神《なんぐうほっしょうだいみょうじん》の名前でもお呼びすることが出来ます。

厳島神社の神様や宗像大社の神様もパワーのある神様です。

しかし、どんなにパワーのある神様でも絶対神や天照大御神様の守護がなければ、神社の神様は龍を自由に使うことができません。ですから、絶対神、天照大御神を信仰して、龍や白蛇にお願いすることが大切なのです。現世利益を与えてくれる分、現金が入ってくると絶対神や天照大御神より龍や白蛇を大事にするようになります。

龍には強力なパワーがあります。人間は龍より弱い存在です。けれど、神様は龍よりパワーがあります。龍や白蛇より、絶対神、天照大御神、神社の神様を敬う信仰心がないと自分の人生を龍や白蛇に乗っ取られてしまうのです。また、悪龍、悪蛇《あくだ》に憑依《ひょうい》され、地獄に落ちるのです。

地獄に落ちるというデメリットがなければ、貧乏な読者に白蛇を配っています。現世利益を与える存在は、ランクが低いのです。邪神や邪霊は、頼まなくても宝くじを当てたり、投資に成功させるのです。そして、死後、魔界に連れて行きます。

魔界と地獄の違いは、他の本で説明しました。邪神や邪霊、悪魔を信仰して現世利益を受けると魔界に連れて行かれます。地獄は反省すれば、出られます。魔界は本人が悪いことをしたという自覚がないので、出られません。

魔物は、サタンやデーモン、ルシフェルと名乗りません。ヤーヴェやエホバ、天照大御神、大日如来、龍神、守護霊と名乗ります。悪魔と名乗ったら、9割の人は信仰をしません。邪神や魔物、悪魔は平気で嘘をつきます。

自己顕示欲《じこけんじよく》が満たされるので、霊能者やスピリチュアリストが神仏を名乗る魔物によく騙《だま》さるのです。

○観音様は龍を動かせる

観音様は龍を使うことができます。神社の神様と観音様で使える龍の種類が違います。

観音様は、守護霊の上位互換《ごかん》バージョンです。ですから、龍神や白蛇も動かすことが出来ます。多くの場合、観音様は、金龍《きんりゅう》を使います。浅草の浅草寺には、金龍降臨《こうりん》の伝説があります。浅草寺では、金龍権現《きんりゅうごんげん》と長野の戸隠山《とがくしやま》の九頭龍権現《くずりゅうごんげん》をお祀りしています。

仏教系の龍がいる場所には、必ず十一面観音、北陸の神山《しんざん》・白山の白山比咩大神《しらやまひめおおかみ》、その化身の白山権現《はくさんごんげん》をお祀りしています。浅草寺の近くにも白山神社があります。

観音様は、「南無観世音菩薩《なむかんぜおんぼさつ》」か、観音真言の「おん・あろりきゃそわか」を唱えてお祈りします。延命十句観音経《えんめいじっくかんのんきょう》を唱えても観音様に守護して貰うことが出来ます。『法華経』には観音様は龍に化身することも出来ると書いてあります。位が高い龍は、観音様に化身することも出来ます。弁財天や毘沙門天、観音様は課長や係長、あるいは弁護士のような位や資格です。修行すれば守護霊や龍、あなたも弁財天や毘沙門天、観音様になることが出来るのです。そして、弁財天や毘沙門天、観音様もパワーがある弁財天、毘沙門天、観音様もいれば、ほどほどの弁財天、毘沙門天、観音様もいるのです。

観音様は、困っている時に、祈れば、常識的な努力をしていれば助けてくれます。努力をしていれば、必ず助けてくれるのが観音様です。

他の神仏や高級霊は、人間の能力を見て、守護する価値がある高い能力の人間を守護します。

能力を無視して、努力をしていれば、必ず守護をしてくれる神仏は観音様だけです。死後、真剣に信じれば、誰でも救済に来てくれるのは阿弥陀如来《あみだにょらい》とお地蔵様だけです。

○龍を動かす延命十句観音経

10回前後、無《む》私《し》無《む》欲《よく》に唱えると観音様がやってきて願いを聞いてくれます。

観世音《かんぜーおん》　南無仏《なーむぶつ》
与仏有因《よーぶつうーいん》　与仏有縁《よーぶつうーえん》
仏法僧縁《ぶっぽうそーえん》　常楽我清《じょーらくがーじょう》
朝念観世音《ちょーねんかんぜーおん》　暮念観世音《ぼーねんかんぜーおん》
念々従心起《ねんねんじゅーしんき》　念久不離心《ねんねんふーりしん》

○龍を動かすキーワード

龍を動かす大切なキーワードがあります。それは、「人類をお救いください」です。**真剣に人類救済を目指すと龍が動くのです。**人類救済というとスケールが大きすぎて実感がわかないかもしれません。龍は、実感がわかないようなスケールの大きなことをする人を守護するのです。

ちなみに、ほどほどのパワーの龍なら、「日本国民をお救いください」で守護してくれます。

純粋に祈れば、神仏も龍も白蛇も守護してくれるのです。お金をくださいも「for me」の祈りです。皆が幸せになるように、「for you」の祈りを大切にしてください。これが龍に守護させる秘伝です。

○広目天《こうもくてん》は龍を自在に使える仏

広目天《こうもくてん》は、仏教の守護神です。四天王として、持国天《じこくてん》、増長天《ぞうちょうてん》、多聞天《たもんてん》(毘沙門天)、広目天のセットで現れます。

広目天は、仏教系の龍蛇神《りゅうだしん》を眷属《けんぞく》にしています。四天王は、家来として眷属を持っています。広目天は龍系統の眷属を持っています。

広目天は、仏教系の龍を動かすことが出来ます。龍と言っても、巨大な龍ではなく、数メートル、数十メートルの龍が中心です。蛇神に近い小さな龍です。

広目天の真言は、「おん・びろばくしゃなう・ぎゃぢはえたい・そわか」です。

真言の意味は、「龍の主たる広目天に帰命したてまつる」です。

仏教系の龍を率《ひき》いている広目天を信じるので守護してくださいという意味です。広目天にお祈りすると、眷属の龍《りゅう》蛇神《だしん》も使って守護してくれます。

広目天に祈る時は、「龍の主たる広目天守りたまえ」と祈ります。龍ではなく、龍と蛇の中間の眷属が来ます。神仏によって、使える龍の種類が違うのです。ですから、神社の神様にも観音様にも広目天にも全員、頼めばいろいろな龍が来てくれます。

広目天は、仏教の守護神なので仏教的な慈悲の心をもっている人が大好きです。慈悲の心がない人や「for me」な利己的な人は、真言を熱心に唱えても仏様と波長が違うので広目天はあなたを守護することが出来ません。

○八大龍王の真言

八大龍王は、仏教を守護するインドのナーガという神様です。八人の聖者が合体して龍になっています。

八大龍王真言は、「おん・めいぎゃしゃにえい・そわか」です。八大龍王も天津祝詞《あまつのりと》や光明真言で呼ぶことが出来ます。八大龍王は、『法華経』には家来の龍神を大量に引き連れてお釈迦様の説法を聞きに来たと書いてあります。

八大龍王は、龍を率いる神様の1柱《ひとはしら》です。

八大龍王の正体は巨大な龍神です。仏教系の龍なので、現世利益を与えるというより、経済の困窮、政治の混乱を立て直して国を守る龍です。

仏教系の龍は、「この世は全て空。執着せずに生きていきましょう」という悟りを得ています。密教は、仏様を信じるために現世利益を与えるのです。仏教系の龍も、神仏を信じるきっかけになるように現世利益を与えるだけなので、欲心で祈っても守護してくれません。

○龍や白蛇のお札の祀り方（応用篇）

龍や白蛇のお札をお祀りするときは中心に、天照大御神のお札をお祀りします。神宮大麻《じんぐうたいま》といって、日本中どこの神社でも頒布《はんぷ》しています。向かって右に主祭神のお札をお祀りします。向かって左に、龍神のお札をお祀りします。

江島神社のお札なら、右に江島神社のお札をお祀りして、左に弁財天のお札をお祀りします。弁財天大麻は、弁財天が化身する龍神のお札です。竹生島神社のお札なら、右に竹生島神社のお札をお祀りし、左に竹生島神社の龍神のお札をお祀りします。

お札は、箪笥《たんす》の上や本棚《ほんだな》にお祀りしても大丈夫です。絶対に、目の高さより上の位置にお祀りしてください。龍のお札を何枚もお祀りする場合は神棚《かみだな》を作った方が良いと思います。総産土神社の龍のお札は、同時に何枚もお祀りすることが出来ます。龍神や位の高い龍は、複数の神社やお寺の龍と一緒にお祀りしても怒りません。野良龍、自然龍、普通の龍は同時にお祀りすると激怒します。日本の神社の99%の龍は、激怒します。

龍や白蛇は、眷属《けんぞく》です。神様の家来なので、神様を熱心に信仰しないと龍や白蛇が暴走します。必ず、暴走します。そこでまず、絶大なパワーがある奈良県の大神神社《おおみわじんじゃ》で祈祷を受けてください。参拝するのが無理なら、郵送で祈祷を受けてください。埼玉県の三峯神社も参拝するか郵送で祈祷を受けてください。

そして、石川県の白山比咩神社と長野県の諏訪大社上社の建御名方大神《たけみなかたおおかみ》の祈祷を受けてください。白山比咩神社《しらやまひめじんじゃ》の主祭神は、天照大御神の親神の伊邪那岐尊《いざなぎのみこと》と伊邪那美尊《いざなみのみこと》と伊邪那岐尊に禊祓《みそぎはら》いのやり方を教えたという伝承もある白山比咩大神《しらやまひめおおかみ》別名は菊理媛大神《くくりひめのおおかみ》です。

金銭的に全ての神社で祈祷を受けるのが難しい場合は、白山比咩神社、大神神社、三峯神社、諏訪大社の優先順位で祈祷を受けてください。

白山比咩神社は天照大御神の親神である伊邪那岐尊に助言できる影響力を持っていた白山比咩大神がお祀りされています。奈良県の大神神社《おおみわじんじゃ》の大物主大神《おおものぬしのおおかみ》は蛇神の親玉です。大物主大神は龍も怖がります。龍や白蛇も主祭神が怖いので、おとなしくしています。また、島根県の出雲大社の大国主大神《おおくにぬしのおおかみ》も、蛇神を統括することが出来ます。大神神社《おおみわじんじゃ》の大物主大神は、悪蛇を祓うことが出来ます。けれど、出雲大社の大国主大神は祓えません。元の神様は、大国主も大物主も同じです。縁を結んだり、国の経営をする時は大国主大神になるのです。悪霊を祓う時は、大物主大神になるのです。

龍や白蛇のお札は、総産土神社のお札以外は絶対に貰ってこないでください。皆さんの家の近所の小さな神社にも白蛇はいます。ただし、管理できる神様がいません。白蛇にとって、天照大御神や大物主大神、白山比咩大神は雲の上の存在です。従業員が数億人いる企業の創業者オーナーと平社員以上の格差があります。神社の神様でも、天照大御神には謁見《えっけん》できません。天照大御神は、総産土神社の神様が陳情の窓口になっています。守護神や守護霊、龍も天照大御神にはお会いすることは出来ません。日本神界の天皇陛下が天照大御神です。

神社の龍や白蛇も、神社の主祭神に直接、会ったことがない龍や白蛇がたくさんいます。神社にも中間管理職の神様や龍がいるのです。

小さな神社にいる白蛇や龍は、天照大御神や神々に会ったことがないので一緒にお祀りしてもどれくらい偉いのかがわかりません。そのため、その辺の神社で貰ってきた龍や白蛇、金蛇をお祀りすると絶対神が決めた宇宙のルールに違反して、宝くじを当てたり、粗末にされたからと祟る龍や蛇神が出てくるのです。

私の本では、神様がいない神社もあるとか、神様が神界に帰ると教えてきました。そうした神社は、欲心が多い人が祈れば悪霊のたまり場になります。しかし、地域の人が純粋にお参りしている小さな神社もあります。神様がいなくなっても、眷属の龍や白蛇が神社に残って病気を治していたり、商売繁盛や受験合格等の日常的な願いを叶えているのです。こうした龍や白蛇は悪霊ではありません。けれど、人間が粗末にすれば祟ります。絶対神の作った宇宙のルールも知らないので、努力しなくても祈った人の運を消費して願いを叶えます。この神界の基本ルールを知らない著者が、どんな神社でもお参りすれば開運するという無責任な本を出すのです。

主祭神がいない神社は、魔術や想念術、引き寄せの法則と同じで祈った人の運を使って願いを叶えるのです。一時的には商売が繁盛します。恋愛成就することもあります。しかし、運を奪われているので、病気になったり、不幸になったり、早死にするのです。寿命も奪われています。神様は、祈った人の運が減るような願いは絶対に叶えません。

○呪いのかけ方、外し方

丑《うし》の刻参《こくまい》りといって、夜中に神社に藁人形《わらにんぎょう》に釘を打ち付けに行く呪いがあります。神社の神様は絶対に、「人を不幸にしてください」という願いは聞き入れません。

「男に二股《ふたまた》をかけられて捨てられたので、罰を与えてください」という願いも無視します。

丑の刻参りは、呪いをかけている人の魂がマイナス・エネルギーの生霊《いきりょう》となって相手を不幸にしているのです。さらに、悪い龍や蛇神は呪いに加担することがあります。龍神や位が高い龍は呪いを助けません。けれど、野良龍、自然龍、位が低い龍はお祈りに来た人の話をそのまま聞いて、罰を与えるのです。また、黒蛇は悪蛇《あくだ》なので呪いに加担します。

蛇神《だしん》は、人間が祈った通りに動くのです。蛇神《だしん》は、善悪の判断が出来ないのです。蛇の呪いは、金蛇、黒蛇を使ってかけるのです。

山伏、行者、霊能者、宗教にはまっている人がかけてくる呪いは、黒龍もどき、金蛇、黒蛇のどれかです。かけた本人も１００％、不幸になり魔界か地獄に落ちます。多くの霊能者が使う黒龍もどきは、黒蛇に角が生えた悪い龍蛇《りゅうだ》です。

呪いの話を書いたのは読者を怖がらせるためではありません。読者にかけられている呪いを祓うために書いているのです。あらゆる呪いは、正体がわかれば霊力が落ちます。呪いは霊の正体がわかれば、弱めることが出来ます。悪霊や魔物の呪いで直接、人を殺しに来るのは黒龍、黒蛇、金蛇です。

人のマイナス・エネルギーである生霊はパワーアップすると蛇の化け物の姿になります。祟りで殺しに来るのは、自然龍、野良龍です。眷属の龍や蛇は祟っても、人を殺すことはありません。呪い殺すような神罰は主祭神が止めるからです。神がいない神社の龍や蛇は祟ると神様が止めてくれないので人を殺すことがあります。総産土神社の参拝を奨めている理由は、どの神社にどのような神がいるかいちいち調べて読者に教えることは不可能だからです。

○日本の龍と西洋のドラゴンの違い

日本や東洋では、龍や白蛇は神様として敬われています。しかし、西洋ではドラゴンとして退治される魔物です。なぜ、この違いが生まれたのでしょうか?

東洋の龍は、人間を守護する存在です。一方、西洋のドラゴンは、人間の敵です。これは、自然龍や野良龍、大蛇がドラゴンとして敵視されているのです。日本や東洋には、龍をコントロールする神仏がいます。龍はコントロールができれば人間に現世利益を与える頼もしい存在です。しかし、コントロールできなければ、生贄《いけにえ》を要求する化け物です。

西洋のドラゴンは、自然龍や野良龍です。神がコントロールしていないと化け物になるのです。巨大な蛇の化け物もドラゴンです。こうした化け物の龍は、龍神になるために必要な神様の神魂《しんこん》を貰っていないのです。リヴァイアサンも、正体は自然龍の化け物です。

西洋人は、悪龍を討伐《とうばつ》してきました。一方、日本人は、高僧や神仏が龍を倒して、神魂を与えて、人間を守護させてきたのです。神社やお寺の九頭龍や五頭龍の由来を調べると悪龍が調伏《ちょうぶく》されて善龍になったという伝説が残っています。これは自然龍をコントロールするノウハウが日本にはあるということです。

仏教の悟りの玉、神道の悟りの玉、神の分魂《ぶんこん》を与えるノウハウが日本にはあるのです。このノウハウを持っていないと龍や蛇をコントロールできないので、ドラゴンや悪龍として退治せざるを得なくなるのです。

仏教では、お釈迦《しゃか》様が魔物や鬼や龍に説法をして弟子にしています。八大龍王もお釈迦様の教えを学びに来ています。龍神の七面大明神《しちめんだいみょうじん》も人間の女性に化けて日蓮の説法を学びに来ています。仏教は、土着の悪神や自然龍を改心させて仏教の守護神にしてきたのです。お釈迦様は、そういう大神通力を持っておられたのです。

○ウロボロスの蛇

蛇は西洋では地母神《じぼしん》であり、豊穣の神のシンボルでした。生と死の象徴でもあります。蛇は蘇《よみがえ》りや生まれ変わりのシンボルなのです。ユダヤ教、キリスト教、イスラム教は、輪廻《りんね》転生《てんせい》を認めていません。そのため、生まれ変わりの象徴の蛇を悪魔にしたのです。

ウロボロスは、キリスト教以前の世界中の土着信仰の1つです。蛇が自分の尾を咥《くわ》えている姿で描かれています。生まれ変わりと不老不死《ふろうふし》のシンボルがウロボロスです。ウロボロスは、一神教の死後の神の裁きを否定する教えです。一神教によって、ウロボロスは、悪魔にされたのです。不老不死や輪廻転生は神の裁きの否定になります。一神教と多神教の対立の中で、ウロボロスも悪魔にされたのです。

○ウジャトや中国の創造神は蛇神

ウジャトは、エジプトのファラオの王権を象徴する蛇神です。蛇型記章のウラエウスとしてエジプトのファラオはウジャトを王冠につけていました。ユダヤ人は、エジプトの奴隷にされていたので、エジプトの王権を否定したのです。中国の創造神、伏羲《ふくぎ》と女媧《じょか》は下半身が蛇の神様です。人間に文化を教えた三皇の二神です。残りの1神は医薬の祖の神農《しんのう》です。女媧は、泥をこねて人類を作った神様です。世界中で、蛇に化身した神々が活躍していたのです。蛇神は、現実世界に強いパワーを発揮するために、神が化身する時の姿なのです。

○八岐大蛇《やまたのおろち》を退治した素戔嗚尊《すさのおのみこと》

八岐大蛇は、巨大な蛇の化け物です。良い蛇も悪い蛇もいるのです。素戔嗚尊《すさのおのみこと》は八岐大蛇を退治することが出来る神様です。八岐大蛇を殺した時に出てきたのが、三種の神器の1つの草薙剣《くさなぎのつるぎ》です。草薙剣は、愛知県の熱田神宮に祀られています。熱田神宮の草薙剣を持った素戔嗚尊《すさのおのみこと》も龍や蛇の悪霊に強い神様です。

○ニューネッシーとネッシーは自然龍

1977年、日本のトロール船が太平洋上で腐乱《ふらん》した謎の巨大生物を引き上げます。その写真が首長竜《くびながりゅう》に似ていたので英国のネス湖のネッシーを真似て、ニューネッシーと名づけられます。ニューネッシーはUMAといって、雪男やツチノコ、チュパカブラ等の正体不明の生き物です。ニューネッシーは腐乱《ふらん》死体であり、トロール船に保管できなかったので、写真を撮影して、ヒゲを保管し海に捨てられます。マスコミ等が未知の生物が発見されたと報道しました。学者等がヒゲの化学分析を行いました。現在では、ニューネッシーはウバザメの死体が腐って、首長竜のように見えただけと考えられています。

英国のネス湖には、ネッシーがいます。ネッシーの写真も公開されていました。しかし、ネッシーの写真の撮影者がトリック写真だったと告白しています。ネス湖には巨大魚や鰻《うなぎ》がいると言われています。ネッシーも恐竜ではなく魚でしょう。

けれど、龍がいる湖では、波が動いたり、謎の生物が見えたりします。ネス湖にも自然龍が住んでいる可能性はあります。というより、ネッシーの正体は自然龍か野良龍でしょう。龍は稀《まれ》に写真に写ることもあるのです。

○クッシーやイッシーも土着の龍神

日本にも北海道の屈斜路湖《くっしゃろこ》にはクッシー、鹿児島県指宿市《いぶすきし》の池田湖《いけだこ》にはイッシーというUMAがいます。クッシーやイッシーの正体は、龍神です。

クッシーもイッシーもネッシーのような土着の龍神です。龍神は、天候を操《あやつ》れます。人間に姿を見せることも出来ます。波を立たせることも出来るのです。

○失敗した時に報連相のお参りをすると幸せになれる

神様に願い事をしても、御礼の挨拶《あいさつ》にいかない人がいます。御礼をしなければ、神仏や守護霊はあまり守護をしてくれなくなります。神仏、守護霊への報連相（報告、連絡、相談）は運命改善をする秘訣です。

恋愛成就が出来ました。結婚が出来ました。試験に合格しましたと成功報告を神様にする人はいます。しかし、片想いの人に告白しましたが、振られました。手術に失敗しましたという失敗の報告にはいきません。

受験に落ちるのは、勉強不足が原因です。また、長い目で見れば、落ちた方が成長すると神様が考えれば試験に落とすこともあります。片想いの人と結婚したら、最低最悪の配偶者になってあなたを苦しめるような場合も神様は縁を結びません。

自分の思い通りに行かなかった時こそ、神社に御礼のお参りに行くのです。「理由はわかりませんが、一番、良い形にしてくださってありがとうございます」と御礼にいくのです。

自分の願ったようにいかないと御礼に行かないということは、人間であるあなたの判断力の方が、神様の未来を見る力より上だと考えていることになります。神様は、最低でもあなたの来世は知っています。守護霊も、上位の守護霊はあなたの前世も来世も知っています。今世の運命も知っています。知っていて、ベターな方向に導いてくれているのです。そのことに対する感謝をしていない人が多いように感じます。

きちんと感謝をして、良いことも悪いことも報連相を徹底すれば、神仏や守護霊は、あなたの運命改善をしてくれるのです。

○神を動かすキーワードがある

とりあえず、意味もなく神仏や守護霊に感謝しましょう。

感謝をして、努力をしていれば、運命を改善してくれます。今世で改善不可能な運命なら、来世で改善してくれます。片想いの人と結ばれなくても、神様に御礼の挨拶と報連相に行けば、「そうか、よし他の縁を結んであげよう」ともっと良い縁を結んでくれるのです。病気も、別の医者や治療法が見つかるように守護をしてくれるのです。

私のところに相談の手紙を書いてきた読者は、開運祈祷をしています。事後報告をしてくれない読者が多いのです。縁が結ばれれば、神様のおかげで縁が結ばれたと感謝していました。今度は、良き家庭が作れますようにと私が祈ることが出来ます。縁が結ばれなければ、良き縁を探していただけませんかとお願いすることが出来ます。病気治しのお願いがあった家族が亡くなりましたと言われれば、なるべく良い霊界に連れて行ってあげてくださいとお願いをすることが出来ます。受験に落ちたら、再受験するか、資格試験や良い就職先が見つかるようにとお願いをすることが出来ます。日本は神仏習合の多神教です。子宝の神もいます。子育ての神も水子供養の神もいます。死後の世界を導く神仏もいます。どうしても結婚できなければ、独身でも幸せに暮らせるようにしてくださいと頼むことも出来ます。

成功した時の御礼の手紙も嬉しいです。しかし、祈祷した内容は覚えているので、どうなったかを報告してくれれば、一番幸せな形になるように祈れるのです。

皆さん自身が、神社の神様や守護霊さん、龍神や白蛇にお願いする時も報連相をしつこくしてください。守護霊は、守護をしているので結果は知っています。けれど、失敗しようが成功しようが関係なく、あなた自身で御礼を伝えることが大事なのです。

○「ありがとうございます」と努力が大切

「ありがとうございます」を口癖《くちぐせ》にして、努力を続ければ、どんなに不幸な人でも神仏は、運命を変えてくれるのです。龍神や白蛇は、かなり気難《きむずか》しい存在です。守護霊も礼儀にうるさい江戸時代の元人間です。現代人のことは理解はしています。それでも、守護霊の価値観に、あなたがあわせて『葉隠《はがくれ》』や『武士道《ぶしどう》』、『論語《ろんご》』を読んで守護霊や龍神、白蛇さんが喜ぶように御礼を伝えれば、守護するパワーを数倍、強力にしてくれるのです。

上司や先輩との人間関係の相談もたくさん寄せられます。江戸時代の礼儀にうるさい守護霊や先祖霊と仲良く出来る人なら、現代人の人間関係で悩むことはなくなると思いませんか？　龍神や白蛇、江戸時代の武士や僧侶より気難しい人が21世紀に生きていけるわけがありません。

○龍の姿をイメージする最終奥義《おうぎ》

私が、よくお参りに行く神社には、参拝の時に手を洗う手水《ちょうず》があります。手水は龍の口から水が出てくるようになっています。神様がいる神社では、神職は神社の龍に似た手水を選びます。龍に化身できる神様がいる神社の手水の龍は、その神社の神龍《しんりゅう》に似ていることが多いのです。

参拝する神社にある手水や彫刻《ちょうこく》、置物《おきもの》は神社にいる龍神に似ていることが多いのです。龍の姿は、目を優しくして神社の置物、彫刻、手水等の龍をイメージしてください。人間の姿が違うように、龍の顔は違います。体系も肥《ふと》っていたり、痩《や》せていたりします。大まかな姿は、似ています。しかし、細かい姿は、世界中に80億通りの顔があるように、全ての龍の顔は違います。動物園のパンダでも、観察していると見分けがつくようになります。犬や猫を飼っている人なら、同じ年齢の同じ種類の犬や猫と混ざっても飼い犬、飼い猫は見分けがつくでしょう?

龍や白蛇も同じです。同じ姿、同じ顔ではないのです。姿が違うことを理解して、イメージする努力をすることが大切なのです。

その努力をみて、龍や白蛇もあなたを愛おしく思うのです。総産土神社には、龍以外にも必ずその神社の主祭神に似た置物、絵画、お面等が何気なく飾られています。神様がいるので、神職も神様に似た装飾品《そうしょくひん》を選んで飾りたくなるのです。

○守護霊の顔は簡単にわかる

龍の話ではありませんが、あなたの守護霊をパワーアップさせる方法を教えます。守護霊の顔を知ることです。霊眼《れいがん》で守護霊の姿を見る必要はありません。あなたの親戚が法事や結婚式で集まった時になんとなく親子や親戚に似た顔の人がいるでしょう？　守護霊は、基本は先祖の霊なので親戚一同の顔をイメージして高貴《こうき》でものすごく賢い顔にすれば、守護霊や背後霊《はいごれい》の顔になります。

実際に、どのような顔の人が守護しているかがわかった方が守護する力が何倍にも強化されるのです。守護霊の守護パワーの強化秘伝です。

第6章

龍に恋すれば守護してくれる

○千と千尋の神隠しの龍

ジブリの映画『千と千尋の神隠し』にでてくるハクの正体は主人公の千尋が小さい頃に溺《おぼ》れた川の主の白龍でした。

『千と千尋の神隠し』に出てくる八百万の神々は、神ではなく眷属《けんぞく》です。名前を持っている白龍の川を開発で埋めれば、開発した業者が死んだり、入居者がどんどん不幸になって行きます。また、名前のある白龍は神様の眷属《けんぞく》か龍神なので神界に帰ったり、別の湖や神山に避難します。オクサレ様も力の弱い水龍神《すいりゅうしん》です。川を汚されれば、オクサレ様になるのではなく、別の場所に避難します。

『千と千尋の神隠し』の白龍神のハクやオクサレ様の川の主のパワーを宮崎駿作品で正しく現すと、『風の谷のナウシカ』の王蟲《オーム》や巨神兵ぐらいのパワーがあります。

白龍神は国や都道府県レベルの経済を守護する神です。白龍神がいなくなれば、日本の経済力やその地域の経済力が都道府県レベルで衰退《すいたい》していきます。

もし、黒龍神の住処を埋めたらどうなるでしょうか？　黒龍神は、王蟲《オーム》や巨神兵のように国を滅ぼします。そこまで力のある黒龍神は、主祭神の化身の神龍《しんりゅう》なので祟りません。祟りませんが、国を滅ぼすパワーがあるのです。

映画『もののけ姫』に出てきたシシ神様も首を狩ることはできません。シシ神のような神様は狩ろうとした人間を全員、一瞬で抹殺することが出来るのです。宮崎駿監督の作品は、アニミズム的で神の力を過小評価しています。開発や自然破壊に対する警鐘なのでしょう。開発や自然破壊に神々が無力といいたいのでしょう。神は数百年、数千年単位のスケールで物事を考えます。眷属の龍や蛇、開発された場所に住んでいた自然龍や水蛇、木蛇、水龍、木龍は脳梗塞《のうこうそく》や心筋梗塞《しんきんこうそく》にして、何代も開発した人間の子孫に神罰を与え続けます。すぐに結果を出せないだけで、命に関わる病気の霊的な原因になっているのです。アニメの『ドラゴンボール超』の宇宙の絶対者、全王は最高神や絶対神に似ています。その気になれば、一瞬で宇宙を消すことが出来るのです。『銀河鉄道９９９』のメーテルが、激怒すると惑星を破壊しています。最高神や絶対神はその気になれば、銀河系や惑星を破壊できるのです。

○龍や蛇の引越し先を作らなければいけない

木を伐採《ばっさい》したり、池を埋めるなということではありません。自然エネルギーは時間が経過しなければ、龍や蛇になりません。若い木には龍や蛇の霊は宿っていないのです。木を切る場合、新しく別の場所に植林して、よくお祈りして龍や蛇に納得してもらって、新しい木に引越しをしてもらうのです。池や川を埋める場合も、引越し先の池を作って遷座《せんざ》をしてもらうのです。

真心を込めて、別の場所でお祀りすれば祟りません。ただし、真心を込めずに場所だけ提供をすると、激怒します。

新築のマンションでも多くの場合、敷地内にマンションを作る前にあった祠《ほこら》を残してあります。建設業者の人は、経験で壊したら祟られることを知っているのです。

○御利益のある眷属は闇金以上の暴利

眷属《けんぞく》にお願いして、1億円の仕事を見つけてもらったとします。お祀りをするのをやめると、最低でも3億円以上の運気を奪われます。眷属が当選させた宝くじや銀行融資を元手に商売を成功させた場合、会社そのものを倒産させます。1億円を貰ったら、3億円、10億円の利子を取られるのです。

神様は、1億円を与える場合、それに見合う能力を得させようとします。医学部に再入学させたり、司法試験に合格させたりして1億円を稼げる人間に育成するのです。

ですから、神仏や守護霊がくれる金運は返す必要がありません。しかし、神仏の守護なしで、野良龍、自然龍、白蛇に頼むと金運に利子がつくのです。

人間には見えない利子です。子孫が代々、50代、60代で金運の借金を返し終わるまで早死にする形で運気を返済させるのです。たまに、短命家系の政財界人を見かけます。

初代が、眷属《けんぞく》に願掛《がんか》けをして財産を作ったのではないかと思います。

こうした眷属《けんぞく》は、私が祈っても祓えません。人間に責任があるからです。そして、原因を作った初代は地獄に落ちています。お金や物欲に心を奪われ、神仏ではない眷属に金運、財運、成功運を借りたので子孫を不幸にして、本人も地獄で苦しんでいるのです。また、そうした問題のある先祖がいるということは、前世で眷属に願掛けした人の生まれ変わりなのです。

○不倫や二股は悪蛇に憑依される

不倫をしたり、二股、三股をしたり、性に奔放《ほんぽう》な人がいます。

不倫や二股はやめるようにいっても、「モテ期が来た」とわけのわからないことを言います。

不倫や二股は、生霊《いきりょう》が来ます。さらにSEXという快楽《かいらく》に溺《おぼ》れ不倫や二股、三股をすると、人間ではなく本能で生きる動物と同じなので霊体が蛇《へび》になるのです。そして、波長が同じなので悪蛇等の悪霊に憑霊《ひょうれい》されます。

異性の性欲だけを刺激する男女には、悪蛇《あくだ》が憑霊しています。人間としての魅力がないダメな人で、異性を惹《ひ》きつける人には魔物が憑依しています。ルックスが普通でも異性が引き寄せられてきます。けれど、かならず不幸になっていく人は、そういう悪霊が憑霊しているのです。

○龍は地球より大きい

映画『千と千尋の神隠し』のハクのように千尋が乗れる大きさの龍は自然龍や角の生えた蛇です。本物の龍はもっと巨大です。地球を守護する龍は、地球と同じサイズです。日本列島の大きさの龍もいます。太陽系より大きな宇宙の神龍もいます。

数メートル、数十メートルの人間が乗れるサイズの龍は自然龍や龍蛇《りゅうだ》です。スカイツリーや東京タワー、富士山より巨大な存在が本物の龍なのです。

普通の龍は大きすぎて乗れません。『千と千尋の神隠し』では、魔女の湯婆婆に龍であるハクが魔法を習うために契約をさせられます。悪意がある人間が龍神と契約することは出来ません。行者や霊能者も龍神と契約することは出来ません。龍を動かしているのではなく、悪龍に動かされているのです。龍を動かすには、日蓮、伝教大師、弘法大師、修験道の祖の役行者《えんのぎょうじゃ》、行基菩薩《ぎょうきぼさつ》のように幅広い知識、智恵、神仏への深い信仰心と人々を救済したいという大きな志と目標が必要なのです。

○大きな目標を持って祈ろう

ノーベル賞を授賞した山中伸弥氏が、「新型コロナの特効薬を開発したい」と決意したとします。神仏は、必要があれば龍神も派遣します。医薬の祖である神農《しんのう》も守護しに来るでしょう。首相が、日本経済を何とか復興させてくださいと真剣に祈り、学者や有識者を集めて、経済政策を打ち出す場合、最低でも天照大御神は守護をします。

総産土神社で、「なんとか結婚させてください」、「何とか病気を治してください」、「何々大学に進学させてください」と祈っても、スケールが小さすぎるのです。

神仏にお祈りする時は、最低でも「1億3千万人の日本の国民全てのお役に立てるようにしてください。そのような人生の進路に努力するので進めてください」と祈るべきです。

本当は、「宗教、民族、イデオロギーに関係なく80億人すべての人類を救済させてください。人類のお役に立てるような立派な人にしてください」と祈るべきなのです。何十回か生まれ変われば、そういう偉人になれるのです。

志と目標が小さすぎるので神仏が守護できないのです。龍神も守護する気になれないのです。

○宇宙スケールの目標を持とう

何回も大臣を経験している政治家は、真剣に首相を目指しているはずです。大臣を目指しても副大臣や政務官で落選して引退することも多いのです。大臣になる政治家は、前世の善徳があり、またその善徳で優秀な守護霊が守護しています。地元の総産土神社の神様も必ず守護しています。しかし、傲慢《ごうまん》になれば神仏が守護しづらくなります。前世の善徳も減っていくので、政治活動の中で善徳を増やす必要があるのです。タレントや財界人も同じです。

政財界人は、清く正しく生きるのではなく地獄に落ちない程度に神仏を敬い、長い目で見れば人々が幸せになれるように生きれば良いのです。

戦国時代、善人の上杉謙信には、天下統一をすることはできませんでした。なぜなら、天下統一の最大の障害が比叡山や高野山、本願寺等の寺院の武装勢力だったからです。織田信長が比叡山の武装解除をしなければ、宗教勢力が政治を乱すのです。武力で鎮圧しても、その後、戦がない平和な世の中になるのなら、織田信長に天下を統一させた方が良いと神は考えたのです。日本で宗教紛争が起こらないのは、織田信長、豊臣秀吉、徳川家康が、寺院の武装解除を行ったからです。

この歴史や社会の話が理解できない人には、白蛇は守護してくれても、龍は守護できません。スケールが大きな社会そのものを動かすのが龍です。社会を動かすのが龍だから、政財界人を守護するのです。スピリチュアリストで政治や経済、法律に精通している人がどれくらいいますか？　スピリチュアルを学んでも本物の善龍は守護をしてくれないのです。

○龍を愛していますか？

神奈川県の江島神社には、蛇の指輪があります。三峯神社は、龍のお守りを頒布《はんぷ》しています。多くの神社で龍や蛇の御守を頒布《はんぷ》しています。この龍や蛇のグッズ集めが龍や蛇と波長を合わせ、強力に守護してもらうポイントになります。

神社やお寺の神仏は、眷属《けんぞく》の龍や蛇を集めています。あなたも、いつも蛇や龍のことを考えていると波長《はちょう》が合うので蛇や龍が来てくれるのです。

いつも神仏や守護霊のことを考えていると、神仏や守護霊もあなたのことを気にかけてくれます。龍や白蛇もいつも意識していると、波長が合うので守護してくれるのです。

お金が欲しいから龍に守護して欲しいという人を龍は嫌います。結婚したいからと龍を拝む人も龍は嫌います。

意味もなく龍が好きという人を龍は守護するのです。龍が、守護をしてくれても、してくれなくてもとにかく龍が好きという人は、それなりの龍が守護してくれていることが多いのです。

御利益があってもなくても、龍が好きな人を龍も好きになるのです。お金を運んできても、運んでこなくても、とにかく白蛇が可愛いと思う人を白蛇も好きになるのです。

龍に守護して貰う最大の秘訣は、龍を愛することです。龍や白蛇へのＬＯＶＥパワーが重要なのです。

家族より神様が大事という人を神様は優先的に守護します。しかし、家族より神仏を大事に出来る人はほとんどいません。だから、出家をして家族を持たずに僧侶は生活していたのです。龍も、家族より龍が好きなら、必ず守護をしてくれます。

龍を愛し、龍にＬＯＶＥパワーを注げば、波長が合うので龍はやってきます。けれど、あなたの能力相応の位が低い龍、自然龍、野良龍に守護されることもあります。

野良龍は、たいした力はありません。雨を降らせるとか、ちょっとしたことしか出来ません。しかし、たいした力がないとはいえ、普通の悪霊《あくりょう》よりは強いのが龍です。

○龍と蛇のグッズを集めよう

龍を愛するには、家中を龍と蛇の置物だらけにすることが大切です。龍のぬいぐるみ、置物、キーホルダーを集めるのです。そうすると自宅が龍神社、白蛇神社になります。いつも龍と白蛇をイメージしていることが龍や白蛇と仲良くする秘訣です。

スマホの待ちうけも龍にします。身の回りのあらゆるものを龍と白蛇にするのです。しかし、本物の蛇の画像を待ち受けにしたり、生きた白蛇を飼うのはお奨めすることは出来ません。高貴な霊界の白蛇と生きている蛇ではオーラが違います。生きた蛇をイメージすると低級な蛇の霊が集まってくるのです。蛇革の財布やベルトもお奨めすることは出来ません。爬《は》虫類《ちゅうるい》の蛇の波動《はどう》は荒々しいからです。寝てもさめても龍や白蛇のことを考えましょう。龍や白蛇のグッズに囲まれてすごし、夢にまで龍や白蛇が出てくるようにするのです。そこまでやれば、龍も白蛇も守護をしてくれるのです。

○白蛇は正しく使えばあなたを幸福にします

個人事業主や非正規社員、仕事に困っている人からたくさんの相談が来ます。正しく使えば、白蛇は人々の救済になります。

現世利益を与える存在は、使い方を間違えれば、努力しない怠《なま》け者を生み出します。そして、神仏や守護霊と違って白蛇はすぐに祟ります。危険がなければ、『大開運』や『あなたもなれるライト・スピリチュアリスト入門』に龍や白蛇の動かし方を書いています。デメリットや副作用があるので、龍や白蛇のことを教えなかったのです。基本は、『大開運』、『大幸運』、『あなたもなれるライト・スピリチュアリスト入門』、『先祖供養で運勢アップ！』、『読むだけで神になれる本』です。しかし、どうしても救えない人のためにこの本を書いたのです。

○龍に憑依されて不幸にならない方法

神仏や守護霊が、龍をコントロールしていないと、龍にあなたの人生をのっとられます。龍は、神仏や守護霊がコントロールしないといけないのです。龍は権力欲の象徴です。蛇が人間の煩悩《ぼんのう》や本能の象徴なら、龍は権力欲の象徴です。

龍に憑依されると、あらゆるものを支配したくなります。異常なほどの名誉欲、出世欲が出てきます。社会を良くするために出世したいと思うのではなく、とにかく地位が欲しいと思うのです。勲章が欲しい、賞が欲しい、大臣になりたい、県議会議長になりたい、与党県連の幹事長になりたいと思うのです。

これは、あなたを守護している龍を神仏や守護霊がコントロールしていない暴走状態にあるということです。暴走する龍は龍神ではありません。あなたが、地位や名誉を手に入れた代わりに必ずあなたもあなたの子孫も不幸になるのです。

龍に守護されるような高スペックな人は、「社会の人が幸せでありますように」という信念を持って生きる社会的責任があるのです。そして、絶対神、天照大御神、総産土神社の神様にお祈りをして龍をコントロールして貰うのです。暴走している龍をあなた自身が外す方法があります。

「人々が幸せにならないなら、地位も名誉も権力も要らない」とあなたの地位や名誉や権力を捨てても良いと思うことです。

もう1つは、絶対神や最高神、天照大御神を信仰することです。宇宙そのものを作った神や地球や人間を作った神を信じれば、人の地位はどんなに偉くてもたいしたことがないと思えるようになります。

龍に守護をされている人は、今、生きている人と自分を比較すべきではありません。

政財界人の多くは、難関大学を出ています。また、何兆円単位のお金を動かしています。

近代人で、比較をするなら、ヨハネ・パウロ2世、マザーテレサ、ガンジー、ネルソン・マンデラ、大久保利通、西郷隆盛、勝海舟、木戸孝允、明治天皇、渋沢栄一、五代友厚と比べて、あなたが優れているかどうかを考えてください。あるいは、鎌倉仏教の宗祖、伝教大師、弘法大師、聖徳太子、釈迦、イエス、ムハンマド、孔子、モーゼと比較して、優秀といえるのかどうかです。モーゼは海を割っています。

相対的に他の人よりは優秀な人が龍に守護をされているのです。

歴史上の世界の大偉人と比べて、優秀かどうかが重要なのです。首相経験者は歴史の教科書に100年くらいは載ります。

教科書に載るレベルの小さな話ではなく、偉人かどうかが重要なのです。龍に守護された人は、そのレベルの視点で生きなければ、権力欲の権化《ごんげ》になるのです。

また、『老子』、『荘子』、『列子』を読み、仏教を学び過度な執着心を捨てるのです。インドでは最初は社会的な成功が大切と教えます。そして、成功したら出家して悟ることが大切と人生を社会的成功とそれを捨てる修行の2段階に分けて考えています。

捨てるくらいなら、なぜ社会的成功が大事なのでしょうか？　それは、成功するプロセスで魂が成長するからです。成功していない人が、『老子』や仏教を学び社会に貢献せずに死ぬと霊界で神様に怒られます。最初は、社会的に成功してスキル・アップすることが大事なのです。成功したら、地位や名誉に執着しないという次の修行が始まるのです。

中国の老荘思想は、皇帝や官僚、成功者のために書かれた本です。お釈迦様は王族です。王族としての教育を受けてから出家しています。最初は、王になる修行をするのです。それが、スキル・アップです。王になったら、執着心を捨てる修行をするのです。

王というのは、その人にとっての自己実現のことです。

○蛇を祀ってあるパワースポットに行くと不幸になる

蛇を祀ってあるパワースポットは、100%、マイナスのパワーポットになっています。パワースポットは、強欲な祈りで悪霊のたまり場になっているマイナスのパワースポットがたくさんあります。蛇をお祀りしてある神社やパワースポットは、行かないほうが良いと思います。銭洗いできるお寺や神社も、お参りする人の「お金に対する執着心」がマイナスのエネルギーになって悪霊を呼び込んでいます。必ず黒蛇や邪霊がいるのでお参りしない方が良いのです。銭洗いは、執着心を洗い流すためにやるのです。その意味がわからず、お金を洗っている人は魔物に憑依されます。銭洗いをしたお金で宝くじを買うという人がいるのは、銭洗いの意味がわかっていないのです。金運、宝くじ当せんを全面に出したパワースポットは悪霊の巣窟《そうくつ》になっています。

○金山彦《かなやまひこ》の神様は神龍になる

宝くじが当せんすると有名な神社には、鉱山を守護する金山彦大神《かなやまひこのおおかみ》が祀られています。岐阜県には、金山彦大神の総本社である南宮大社《なんぐうたいしゃ》があります。金山彦大神は、神龍《しんりゅう》に化身して、お金が入ってくるまで頑張るパワーを補給《ほきゅう》してくれるのです。

金山彦大神は、宮城県の日本五大弁才天の金華山黄金山神社にもお祀りされています。東大寺の大仏を建立した時に、宮城県で金山が発見されたので鉱山の守護神の金山彦大神をお祀りしているのです。金山を守護する神様なので金運の神様と言われるようになったのです。しかし、金山彦大神は、宝くじを当てることはできません。努力をしている人が、金山彦大神にお祈りをすると、お金になるようなアイデアが閃《ひらめ》くのです。岐阜には織田信長が開いた楽市楽座《らくいちらくざ》があります。

楽市楽座を開いて経済を発展させ、織田信長は天下人になったのです。南宮大社の周辺は、天才軍師の竹中半兵衛《たけなかはんべえ》の出身地です。天才を育てる功徳もあるのです。

○熱田神宮の龍神も金運のアイデアをくれる

織田家の蓄財《ちくざい》のノウハウは、愛知県の熱田神宮の神様の守護もあります。熱田神宮の宮司の娘の子供が鎌倉幕府を開いた源頼朝です。源頼朝も鎌倉幕府を作って守護と地頭を日本中において鎌倉幕府の財源確保を行いました。鎌倉幕府の財源確保の仕組みを熱田神宮の神様が教えてくれたのです。江戸幕府を開いた徳川家康も熱田神宮の近所で織田家の人質として過ごしていました。

熱田神宮の主祭神と眷属《けんぞく》の龍神が、江戸幕府の財源確保の方法を教えてくれたのです。このように龍神や主祭神化身の神龍は国の財源確保の仕組みを教えてくれるのです。閃いたり、そういうアイデアを持っているブレーンを集めたりすることで実現できるようにしてくれるのです。

○弁財天は天下統一の神様

琵琶湖の竹生島《ちくぶしま》に祀られている弁財天は、織田信長や豊臣秀吉も崇敬していた大弁財天です。織田信長は、安土城から竹生島神社に参拝に行っていたのです。豊臣秀吉は熱心に琵琶湖の湖畔にある長浜城主《ながはまじょうしゅ》になってから竹生島神社に参拝していました。

平清盛は、厳島神社の弁財天を崇敬していました。

豊臣秀吉や織田信長は、スペインまで攻めていく計画を持っていたという説がありす。荒唐無稽《こうとうむけい》な話ではなく、スペイン王室より豊臣秀吉の方がお金持ちだったのです。火《ひ》縄銃《なわじゅう》の性能も狭い島国の日本で開発競争が行われた結果、欧州の火縄銃より強力な武器になっていました。財力と兵器の性能を比較するとスペイン征服は不可能ではなかったのです。それだけの財力を与えるノウハウ、閃《ひらめ》き、人との縁を結ぶのが琵琶湖に祀られている市杵島姫神《いちきしまひめのかみ》と大弁財天の功徳なのです。弁財天は、インドの女神です。インドの女神が仏教の女神として、日本で祀られるようになったのです。けれど、インドの女神と、中国の弁財天、日本の神仏習合した市杵島姫神《いちきしまひめのかみ》と弁財天は全く別の神です。同じ弁財天でも、厳島神社、宗像大社、竹生島神社、江島神社では、別の神様が出てきます。

大雑把《おおざっぱ》に説明すると、弁財天は白蛇、市杵島姫神は神龍に化身します。

○辰年と巳年の守護仏は普賢菩薩

仏教には干支の守護仏がいます。辰年と巳年の守護仏は智恵の仏であり東南を守護する普《ふ》賢菩薩《げんぼさつ》です。しかし、普賢菩薩は龍や蛇を動かす専門の仏様ではありません。お祀りしても龍や蛇は動かせません。


方位を表わす気学では、龍は六白金星《ろっぱくきんせい》です。

気学では、龍は西北を守護します。

中国の四神神話では、中央を麒麟《きりん》や黄龍（創造神の応龍）が守護し、北を玄武《げんぶ》、西を百《びゃ》虎《つこ》、南を朱雀《すざく》、東を青龍《せいりゅう》が守護をすると考えます。

龍が守護する西北は、試練を乗り越えて出世をする方位です。これは、試練を避けたり、嫌がる人を龍は守護することが出来ないという意味です。

○白山信仰と九頭龍権現

白山の十一面観音は、九頭龍権現《くずりゅうごんげん》に化身して、泰澄《たいちょう》上人のところに現れます。そこで、泰澄上人は、白山で修行をして白山信仰を広めました。白山信仰は、九頭龍権現《くずりゅうごんげん》に化身した十一面観音が広めたのです。

十一面観音は、九頭龍に化身することが出来ます。歓喜天と十一面観音はセットでお祀りされています。日本では、歓喜天《かんぎてん》は十一面観音が使う眷属《けんぞく》の龍神です。そのため、歓喜天を信仰する人は十一面観音のお経を唱えるのです。

○自分でドラゴンボールを自作する

漫画『ドラゴンボール』では、7つのドラゴンボールを集めるとシェンロン（神龍）を呼ぶことが出来ます。水晶や翡翠《ひすい》、黒曜石や大理石を使い、この玉に龍が集まってくると確信して、Myドラゴンボールを作りましょう。子供のお遊びと思うでしょう？

密教の護摩《ごま》も不動明王の前で火を焚くお遊びです。イメージしないと4次元界の霊界は動きません。霊力は、イメージ力が強い人ほど強いのです。神仏を動かす力は、神仏が守護する気になるように語りかけることが出来る説得力です。つまり、表現力が豊かな人が神仏を強力に動かせるのです。

読者に、本を読んで国語力をアップさせるように教えているのは、表現力がアップすればするほど、神仏や守護霊、龍や白蛇が動くのです。説明下手な人は神仏を動かすことはできません。どう神仏に動いて欲しいのかを説明し、神仏が守護したくなるように神仏をおだてる必要があるのです。

神道の祝詞《のりと》でも『法華経』や仏教のお経でも、いかに神仏が素晴らしいか延々と褒めています。『阿弥陀経』でも宝石がちりばめられた極楽浄土を細かく描写して褒めています。『阿弥陀経』は、阿弥陀如来が守護する気になるように、そして、そのお経を聞いた人が成仏する気になるように、パラダイスとして天国を描いているのです。

神仏を動かすにはイメージ力、国語力の2つが大切です。

ドラゴンボールも、龍が来ると思えば本当に来ます。ところで、パワーストーンとして、タイガーアイが龍を呼ぶ石として売られていることがあります。龍はタイガーアイには興味がありません。

○龍の大まかな色別の特徴

龍も蛇も、基本的には何でもできます。

白龍は、恋愛や結婚、出世が得意です。病気治しや出世運を与えることも得意です。

青龍は、軍神です。そこで、経営戦術を与えることが得意です。

金運は、金龍、白龍が得意です。金龍は、お金になる智恵を与えてくれるのです。商売の智恵、国の財政戦略の智恵、銀行経営の智恵を与えます。青龍と金龍の大きな違いは、青龍は戦術が得意です。金龍は、大きな戦略を守護します。戦略のようにマクロな分野は金龍。戦術の部分は青龍が守護します。

龍は、色に関係なく、病気治し、金運、財運、結婚、子宝、出世、なんでもできます。あえて、得意分野を書くと結婚は白龍、経営は青龍、金運は白龍や金龍にお願いするとより効果的です。しかし、青龍が縁結びを出来ないかと言えば出来ます。

黒は欲望の象徴です。黒龍も黒蛇も魔物です。一般的に神社で黒龍をお祀りしている場合、黒みがかった龍を黒龍としてお祀りしています。魔物の黒龍は真っ黒です。おかしな霊能者や山伏、修験者が自然龍や魔物を呼び込んで使う場合、真っ黒な黒龍として出てきます。魔物の中では上位のパワーがあります。

強欲な人が龍に祈ると、100%、黒龍が来ます。

黒龍を祀る神社では、黒龍は高龗神《たかおかみのかみ》と言われています。白龍は、闇龗神《くらおかみのかみ》と言われています。しかし、高龗神《たかおかみのかみ》は黒龍ではありません。水龍の一種です。水蛇《すいだ》は、罔象女神《みずはめのかみ》と言います。水のエネルギーが蛇になったものが罔象女神です。主に井戸を守護しています。水蛇が進化して、水龍になります。

龍をイメージする時に水墨画《すいぼくが》の真っ黒な龍をイメージしないようにしてください。4次元界では、自然龍や悪龍の姿が水彩画の真っ黒な龍なので、悪い龍に憑依されてしまうのです。真っ黒な龍は、100%悪龍です。

○龍にお願いをするための神社はここ

どうやって、白龍、青龍、金龍にお願いすれば良いのでしょうか？　それは、総産土神社で龍に祈るのです。

総産土神社《そううぶすなじんじゃ》は、中部地方なら愛知県の熱田神宮、九州なら大分県の宇佐八幡や福岡県の宗像大社、関西なら奈良県の大神神社《おおみわじんじゃ》には、全種類の龍がいます。小さい神社は、龍がいないこともあります。都道府県の一宮《いちのみや》であれば、最低1体は龍がいます。ただし、神様が龍をコントロールが出来ていないこともあるのでエリアの総産土神社への参拝をお奨めしています。

神仏や守護霊は、家族や他人のことを祈っても聞いてくれます。龍は、少しは他人のことも聞いてくれます。白蛇には、他人のことを頼んだらダメです。相手が不幸になります。

「10億円の宝くじを当ててください」という祈祷願いが読者から届きました。私が白蛇に頼めば、相談者の家族全員を生贄《いけにえ》にして寿命を奪って10億円を当てることも出来ます。相談者の願いは叶えてあげています。この結果で、相談者は幸せでしょうか?

第7章

龍や白蛇があなたを守護する開運守り

○龍や白蛇の御守をコレクションしよう

龍や蛇を身近に感じるために、龍や蛇の御守を頒布《はんぷ》している神社を紹介します。スピリチュアリストが、この御守はパワーがあるという言い方をします。しかし、高貴な神龍《しんりゅう》は普通のスピリチュアリストがパワーを感じることは出来ません。パワーを多くの人が感じる御守というのは、低次元のエネルギーです。神龍《しんりゅう》は高貴で繊細《せんさい》なエネルギーです。その辺のパワースポットで眷属《けんぞく》ではない白蛇を捕獲《ほかく》して御守に入れれば、多くの人が触れば暖かいエネルギーを感じることが出来ます。

あなたは、そんな御守が欲しいですか?

守護霊も高級霊なので感じることは難しいのです。先祖霊は次元が低いので、読者でも敏感な人は先祖霊に守護されているのがわかります。パワーも感じます。けれど、ランクが高い守護霊は、神仏に近いので繊細《せんさい》なのです。

紹介する御守も、神仏よりはパワーがあります。けれど、ランクが高い龍や白蛇なので強いパワーを感じることはないと思います。誰でもパワーを感じる御守は、ランクが低い霊が入っているお守りです。

○三峯神社の御守

埼玉県にある三峯神社には、龍水晶守りという御守があります。これは、赤い眼をした金龍が水晶に巻きついている御守です。ちなみに、御守のメーカーは少ないので同じ御守が神社名だけ変えて頒布《はんぷ》されていることもあります。この種類の御守りは、神社違いで何個か持っています。

神仏を感じる練習として、同じ形の違う神社の御守を集めて、どこの神社の御守か当てるのです。神社は神様のエネルギーで気が違います。参拝した時の気を覚えていれば、御守の気の違いがわかるようになるのです。

○戸隠神社の御守

長野県の戸隠山《とがくしやま》にある戸隠神社《とがくしじんじゃ》には九頭龍が祀られています。平安時代に悪さをしていた鬼が高僧に『法華経』で封印され改心して、人々を守る龍神になったといわれています。多くの龍神は、雨を降らせるのが得意です。日本は、農業国なので雨乞いを頼まれていたからです。戸隠神社の九頭龍も雨を降らせるという功徳があると伝えられています。

ちなみに、雨を降らすことが出来ない龍というのは見たことがありません。天候のコントロールは一番、簡単なことなので広範囲に降らせることが出来るのか？　狭い範囲なのか？　台風や大雨や集中豪雨を弱めることが出来るのかといったことを除けば龍は天候をコントロールできます。元寇《げんこう》が日本に攻めてきた時には、台風が来てモンゴル軍の船を沈めました。

最近の研究では、地震が起り津波と台風の両方が起ったのではないかと言われています。国を守る龍神は、台風を呼べます。地震を起こすことが出来る龍神や地震を弱めることが出来る龍神もいます。龍神というより、神の化身の神龍にしか地震を起こしたり、止めることはできません。人間への被害が大きい広範囲の自然災害は、絶対神や最高神の決裁がなければ起こせないからです。

この神社の九頭龍のお守りは、透明な玉の中に九頭龍の姿が描かれています。開運龍水晶御守は、三つの爪で龍が水晶を握っているお守りです。運気向上の黄色い御守りにも龍の姿が描かれています。戸隠神社の龍は、現実世界に近いので気を感じやすいかもしれません。

○厳島弁才天の御守

広島の厳島神社は明治時代の神仏分離令《しんぶつぶんりれい》で弁財天を祀る大願寺《だいがんじ》と厳島神社に分かれました。厳島神社には、龍の御守はありません。厳島神社にあった弁財天を祀る大願寺の「厄除開運龍神ゆびわ」は、金色のスマートな蛇の指輪のお守りです。仏教世界に下りてきた蛇の御守なのでかなり荒い波動をしています。

○江島神社の御守

神奈川県の江島神社には、龍宮と龍を祀る岩屋があります。五頭龍を江島大神が改心させて人々のために働くようにしたのです。

江島神社の「開運ゆびわ守り」は銀色の蛇の指輪のお守りです。真剣にお祈りすると江島神社の眷属の小さな白蛇や銀蛇が守護をしてくれます。

「弁財天大麻」は、龍の姿を描いたお札です。「幸福守」は、縦長の水晶に龍が巻きついた御守です。金色と銀色があります。

弁財天のマークに白蛇のマスコットをつけた「白龍守」や小判に金色の蛇のマスコットをつけた「弁財天金運守」、龍が水晶玉を持っている「龍玉守」等の龍と蛇の御守は、弁財天が龍や蛇を眷属《けんぞく》にしているのでたくさんあります。

また、龍や蛇ではありませんが、弁財天のミニチュアが入った「妙音弁財天御守」や弁財天の絵が描かれた「弁財天神札」を頒布《はんぷ》しています。弁財天のお姿をイメージし続けると弁財天様が守護してくれるので、お姿のミニチュアや絵は神仏を呼ぶ開運スピリチュアル・グッズとしてお奨めです。

○竹生島神社の御守

滋賀県の琵琶湖の竹生島にある竹生島神社では、つげの木の蛇の懐中守りを頒布《はんぷ》しています。宝玉に巻きついた蛇の御守です。白蛇の絵が書かれたカード型の御守もあります。竹生島の琵琶湖弁財天も神仏分離令で、竹生島神社と竹生島宝厳寺《ほうげんじ》に分けられました。弁財天は、宝厳寺でお祀りしています。蛇の姿の御守は、ここに白蛇や金蛇がいると確信すると竹生島弁才天の龍神や蛇神がやってきます。確信しないと守護してくれません。

○諏訪大社の御守

長野県の諏訪大社の「学業成就守」は、登龍という文字と金色の龍の絵が描いてあります。他には、龍に縁がある諏訪大社では黒曜石と翡翠《ひすい》でできた龍に似た形の勾玉の「薙鎌守《なぎがままもり》」も龍を呼び込むパワーがあります。確信してお祈りすれば、龍を引き寄せる効果があります。

○岩木山神社の御守

青森県にある岩木山神社は、「しおり守」が龍の描かれたお守りです。神社の登り龍の写真の御守です。岩木山神社には、龍がいるので、龍をイメージするグッズとして使えます。龍がいて、神様がいない神社はたくさんあります。しかし、神様がいて龍も白蛇もいない神社はありません。神様がいる神社には、龍はいます。

○金華山黄金山神社の御守

宮城県の金華山の黄金山神社では、金運・開運招福の御守として「巳成金《みなるかね》」という小判の形をした蛇神の御守を頒布しています。「巳（身）代わり御守」は蛇の形をしたお守りです。水晶に龍が巻きついた「幸運の龍神水晶守」も頒布されています。

黄金山神社には、神様がいます。ただし、東北では有名な大金運神社なので強欲な人のマイナス・エネルギーも大量に残っています。黄金山神社は、弁財天をお祀りする大金寺という真言宗の寺院でした。奈良時代、疫病《えきびょう》に苦しむ人々を救済するために聖武天皇は、東大寺大仏建立を決意します。しかし、日本には大仏に使う金がありませんでした。その時に、金華山から金が採掘されます。そこで金山を守護する金山彦、金山姫を祀らせます。その後、真言宗の修行者が金華山に弁財天を祀る大金寺を作り弁財天信仰が行われてきました。そして、明治時代の神仏分離令で大金寺を廃止し、金山彦、金山姫を主祭神とする黄金山神社になったのです。

黄金山神社には、「3年連続でお参りすれば、一生お金に不自由しない」という言い伝えがあります。神社でも3年連続御朱印帳を頒布《はんぷ》しています。

この神社には、神様がいます。しかし、神社が公式に「3年連続でお参りすれば、一生お金に不自由しない」という言い伝えがあるといっている神社です。江戸時代前後から、金運、商売繁盛を求めた人達が、「金、金、金」と祈りこんでいるので、お金のことを意識して参拝するとマイナス・エネルギーを吸収して逆に貧乏になるのです。はっきり書くと、貧乏神に憑依されます。この神社では、「for you」の祈り以外、絶対にしない方が良いのです。日本の疫病《えきびょう》を撲滅《ぼくめつ》するために建立された奈良の東大寺の大仏建立のための金を提供した大きな神様がいる神社です。国家レベルの「for you」に特化した神社です。

金運神社としてお参りすると不幸になる神社です。

明治の神仏分離令以前は、仏様が「for me」の現世利益を方便《ほうべん》として与えて、神社の神様が for you の働きをしていたのです。神社が潰れずに経営を安定させるには、神仏習合《しんぶつしゅうごう》して、現世利益を与えつつ、国を守護するという形が一番、ベターなのです。多神教の神様は現世利益を否定していません。現世利益を否定するなら、龍や白蛇といった現世利益を与える神様の家来を神社に配置しないはずです。

他人や国民の幸せ8割、自分の幸せ1～2割で祈りましょう。また、「自分良し、相手良し、社会良し、神仏良し」の四方良しの祈りをしてください。

自分の幸せ10割や自分の幸せ8～9割で祈る人が問題なのです。神仏は、自己犠牲を嫌います。神社の神様もあなたがお金持ちになるなとは思っていません。自分中心に生き、自分中心に祈っていることを苦々しく感じておられるのです。自分も幸せ、他人も幸せになることを神仏は望んでいるのです。経済学では、ゼロ・サムゲームといって、この世の中は、決まった幸せの奪い合いと考えます。100ある幸せのうち、誰かが80の幸せを持っていけば、残りの人は20のお金や幸せを奪い合う必要があると経済学では考えます。

しかし、神様は、100ある幸せを200にも300にも増やすことが出来ます。

ではなぜ、今すぐ、100ある幸せを200、300に増やして貧しい人をなくさないのでしょうか？　理由は2つあります。1つ目は、貧しいということは、前世と今世で人を幸せにした絶対量が足らないのです。善徳、幸せポイントが少ないのです。2つ目は、人間が3次元界で努力する機会を奪うことになるからです。

人間が、努力して人を幸せにして善徳を増やしつつ、社会を改善して欲しいのです。それを守護するために神仏や守護霊がいるのです。

○出雲大社の御守

出雲大社には、龍蛇信仰があります。旧暦10月の神在月《かみありづき》に、全国の神社の神様を出雲大社に呼んでくるのが、出雲大社の海蛇神《かいだしん》です。家内安全や招福のご利益があると言われています。神在月には、龍蛇神《りゅうだしん》のお札や御守が頒布されます。出雲大社は、天照大御神に国を奪われた国津神《くにつかみ》の大国主大神《おおくにぬしのおおかみ》と素戔嗚尊《すさのおのみこと》をお祀りする神社です。

この世のことは、大国主大神の方が天照大御神よりも得意です。しかし、神々を動かす権限は天照大御神が持っています。つまり、伊勢神宮と出雲大社の両方に、お参りしてバランスが取れた守護がいただけるのです。天照大御神様は、高天原のトップです。天界のトップなのでこの世の現世利益を与えるのは苦手です。日本神界の天皇陛下が天照大御神です。総理大臣は、大国主大神と素戔嗚尊です。ギリシア神話やエジプト神話、古事記では神々が喧嘩しています。しかし、神仏は絶対に喧嘩をしません。

神社やお寺の活用方法は、2つの神社、3つの神社を組み合わせて守護してもらうことです。多神教の最大のメリットはたくさんの神仏に守護してもらえるということです。例えば、景気そのものを好転させるのは、太陽神の天照大御神の仕事です。しかし、お客さんを連れてくるのは、地上で働いていた大国主大神の仕事です。

八百万以上の神々がいるので、その分野が一番得意な神様にお願いした方が良いのです。多神教の神々は、オールマイティーの神は存在しません。特定の分野が得意な神々の集団が多神教です。ですから、全ての神仏をお祀りするというのが正しいやり方なのです。

○大神神社の巳《み》の神杉《かみすぎ》

奈良県の大神神社には、巳《み》の神杉《かみすぎ》があります。大物主大神の化身の白蛇が住んでいるという言い伝えがあり、卵やお神酒をお供えしていく参拝者でにぎわっています。大物主大神化身の白蛇には、拝殿で祈祷を受けている時に大物主大神《おおものぬしのおおかみ》にお願いしてください。大物主大神化身の白蛇は、大白蛇です。杉の木に住める小さな白蛇ではありません。大物主大神も大国主大神の一部です。大物主大神も国津神です。国津神は優しいので、一生懸命に働いている人が巳の神杉で祈れば、眷属の白蛇を貸してくれます。しかし、本当の大物主大神のパワーは、拝殿で「for you」の祈りを捧げた時に受け取ることが出来るのです。神話で日本の国の整備をしたのが大物主大神です。大国主大神も因幡《いなば》の白兎《しろうさぎ》を助けた優しい神様です。自分中心の神様ではないのです。

鮫《さめ》を騙《だま》して、皮を剥《は》がされた兎を助けるような神様が大国主大神です。同じように困っている人を助ける人を守護したいのです。大神神社の「みまもり」は蛇神《だしん》を呼ぶことが出来るパワーのある御守です。

○龍神祝詞の使い方

龍神を呼ぶことが出来るという『龍神祝詞』があります。掲載しようかどうか迷いました。なぜなら、『龍神祝詞』を唱えるよりも真心を込めて、天津祝詞で主祭神にお祈りすれば、龍を呼ぶことが出来るからです。『龍神祝詞』のような神仏習合に陰陽道《おんみょうどう》をミックスした呪文や祝詞は、平安、室町時代の度会神道《わたらいしんとう》や吉田神道《よしだしんとう》の時代にはすでにポピュラーなものでした。平安時代からスピリチュアルは人気があったのです。

『龍神祝詞』は、お経のように龍の偉大さをイメージする呪文と思って読んでみてください。龍を呼ぶための祝詞としては、天津祝詞の方が安全です。『龍神祝詞』を熱心に唱えるスピリチュアル系の人がいます。

龍を呼びたいという執着心で必ず、野良龍や自然龍を呼び込み、不幸になります。ですから、龍を呼ぶために唱えることはお奨めしません。

『龍神祝詞』に出てくる十種の神寶とは、饒速日命《にぎはやひのみこと》が天照大御神から授かった10種類の宝で、「沖津鏡《おきつかがみ》、辺津鏡《へつかがみ》、八握剣《やつかのつるぎ》、生玉《いくたま》、死返玉《まかるかえしのたま》、足玉《たるたま》、道返玉《ちかへしのたま》、蛇比玉《おろちのひれ》、蜂比礼《はちのひれ》、品物之比礼《くさぐさのひれ》、布瑠の言《ふるのこと》」のことです。

古神道や神道系の宗教では、物凄い神宝ということになっています。十種の神寶は、意味がわかれば、そういう神力もあります。機会があれば、セミナー等で解説します。

最後の布瑠の言は、「ひふみ（一二三）の祓い」として、「一、二、三、四、五、六、七八、九、十、（ひと、ふた、み、よ、いつ、む、ゆ、ななや、ここのたり）布瑠部由良由良止《ふるべゆらゆらと》、布瑠部《ふるべ》」という祝詞として死人さえ生き返るほどの力があるとして古神道や神道系新宗教では重視されています。

○龍神祝詞《りゅうじんのりと》

高天原《たかあまはら》にまし坐《ま》して、天と地に御働きを現し給《たま》う龍王は、大宇宙根源の御祖《みおや》の御使《みつか》いにして、一切を産み一切を育て、萬物を御支配あらせ給う王神《おうじん》なれば、一二三四五六七八九十（ひと、ふた、み、よ、いつ、む、ゆ、ななや、ここのたり）の、十種《とくさ》の御寶《みたから》を己《おの》が姿と変じ給いて、自由自在に天界、地界、人界を治め給う龍王神なるを尊み敬いて、眞《まこと》の六根一筋《むねひとすじ》に御仕え申すことの由《よし》を受け給いて、愚かなる心の数々を戒め給いて、一切衆生の罪穢れの衣を脱ぎさらしめ給いて、萬物《よろずのもの》の病災《やまいわざわい》をもたちどころに祓い清め給い、萬世界も御祖のもとに治めしせめ給へと、祈願奉《こいねがいたてまつ》ることの由《よし》をきこしめして、六根《むね》の内《うち》に念じ申す大願を成就なさしめ給へと、恐《かしこ》みかしこみも申《まお》す。

○龍神祝詞の間違い

龍神祝詞は、神社等でも使われる事もある祝詞です。いくつか間違いがあります。龍王は、万物を支配することはできません。万物の支配権は絶対神の仕事です。日本神界では天照大御神の仕事です。

龍は、自由自在に「天界、地界、人界」を治めることもできません。龍が治めると神の討《とう》伐《ばつ》対象になります。龍に「愚かなる心の数々を戒める資格もありません」。

人々を勝手に龍が戒《いさ》めると悪龍として神に討伐されます。この祝詞のせいで、龍を信仰しておかしくなる霊能者がたくさんいるのです。祝詞は載せますが、1、絶対神が一番偉い。2、龍は神社の神様の家来。3、神仏や守護霊に守ってもらうということを忘れないでください。大宇宙根源の御祖《みおや》は絶対神です。龍は、絶対神の直接の御使いではありません。

絶対神、最高神、天照大御神、神社の神様の序列があります。神社の神様の家来が龍です。最高神は、神龍に化身できます。けれど、皆さんが最高神の化身の神龍を呼ぶことは出来ません。絶対神は、神龍に化身しません。絶対神が神龍に化身する時は、他の神様に化身してから化身します。

龍や白蛇にお祈りする時は、天津祝詞を使ってください。天津祝詞の解説は、『大開運』等の他の本に書いているので祝詞だけ載せておきます。

○天津祝詞《あまつのりと》

高天原《たかあまはら》に神留《かむづまり》坐《ま》す。神魯伎神魯美《かむろぎかむろみ》の詔《みこともち》以て。皇御祖神伊邪那岐大神《すめみおやかむいざなぎのおおかみ》。筑紫《つくし》の日向《ひむか》の橘《たちばな》の小戸《をど》の阿波岐原《あわぎがはら》に御禊祓《みそぎはら》へ給《たま》へし時に生坐《あれませ》る祓戸《はらひど》の大神等《おおかみたち》。諸《もろもろ》の枉事罪穢《まがごとつみけがれ》を拂《はら》ひ賜《たま》へ清《きよ》め賜《たま》へと申《まを》す事《こと》の由《よし》を天津神国津神《あまつかみくにつかみ》。八百萬《やおよろづ》の神等共《かみたちとも》に聞食《きこしめ》せと恐《かしこ》み恐《かしこ》み申《もまを》す。

○龍神と白蛇を自由自在に使いこなそう

龍や白蛇は、神様や仏様の家来の眷属《けんぞく》です。神様や仏様ではありません。ただし、龍にもいろいろな種類、ランクがあります。白蛇もいろいろな種類、ランクがあります。

一番上の龍は、神社の主祭神が化身した神龍《しんりゅう》です。神龍は主祭神が人々の病気を治したり、現世利益を与えるために現実世界に近い龍に化身した姿です。基本的に、神社の神様は龍に化身することが出来ます。ただし、化身するのが嫌いな神様や苦手な神様もいます。

白蛇も、大白蛇神や白蛇大明神のように神社の神様が、白蛇に化身することもあります。普通の眷属以上に巨大な白蛇で、龍や白蛇を眷属に従えています。通常は、個人の願いのために、主祭神が白蛇大明神や大白蛇神に化身することはありません。例えば、癌治《がんなお》しのような生死をわける願いでも、幸せポイントの徳があれば神社の眷属《けんぞく》の龍が治すことが出来ます。神龍が動くとすれば、治療法がなく世界的パンデミックを起こしているような場合です。新型感染症や人間に感染する鳥インフルエンザの鎮圧のような場合です。神龍を動かすには、東大寺の大仏建立のような国民総出の祈りがなければ不可能です。

また、高度経済成長や明治時代に欧米列強の侵略から日本を守ったり、元寇《げんこう》に神風を吹かせるような場合も神龍の仕事です。神龍が出てくる場合は、眷属の龍や白蛇は全て動員されます。そこまで、国がやばい時にしか神龍は出てきません。

神龍を動かすには、日本が危機の時に、日本中で真心込めて一致団結して祈る必要があるのです。また、日本が太平洋戦争に負けて、経済大国になったように、神様の尺度で負けたほうが国民が幸せになると考えれば、国民総出で祈っても戦争に負けるのです。

龍も神仏も、人間の都合の良いように動くことはありません。神様の基準で、人間が一番、幸せになるようにしてくれるのです。

龍神は、修行した龍が神の位を絶対神や最高神に認定された場合にランク・アップしてなる存在です。龍神は神です。神社の主祭神をやっていることもあります。

龍神にもランクがあります。神にランクがあるのと同じです。市町村の一宮、二宮の主祭神をやっていることもあります。龍神も直接、お祈りすべきではありません。どんなに位が高い龍神でも天照大御神や大国主大神、大物主大神のような有力な神々より位が上の龍神は存在しないからです。

龍は、野良龍や自然龍もいます。大自然の何らかのエネルギーが意思を持ったものが龍や白蛇です。

神社は、森や池があり、その敷地内に眷属の龍や白蛇がいます。龍や白蛇は、直接、お願いをすると、最終的には必ず不幸になります。龍や白蛇は、神仏や守護霊のようにあなたの来世や前世、未来を知っているわけではないからです。

どうしても、龍や白蛇にお願いを聞いて欲しい場合は、総産土神社に参拝して、そこでご祈祷を受け、主祭神に龍や白蛇を動かしてご守護くださいと頼むのです。

また、守護霊も神に近い守護霊もいます。先祖霊の中には、20代、30代前まで遡《さかのぼ》れば、何人かは、神に近い高級霊になっています。何千万人単位の先祖霊の中には、必ず龍や白蛇を使いこなしていた超高級先祖霊がいます。努力して、スキルアップして、社会のお役に立ち続けることを約束して、龍や白蛇を使いこなせる超高級先祖霊に守護霊をサポートしてもらうのです。

また、「for me」の人は、龍や白蛇を動かすことは出来ません。「For me」の山伏、行者、修験者、僧侶が動かせるのは悪霊の黒蛇です。「For you」の精神で、あなたも他人も社会も、神仏も守護霊も全てが喜ぶような生き方をして、はじめて龍や白蛇を自在に使いこなす高級先祖霊が守護してくれるのです。

世間では、残念なことに、御利益本として龍に守護してもらう本が売られています。ベストセラーもあるようです。しかし、その幸せに永続性があるのかを検証していないのです。人は、前世と今世に世のため、人のために生きて増やした幸せポイントである善徳の分しか幸せになれません。神仏や守護霊も善徳という幸せポイントの中で人を幸せにします。私が読者の幸せを祈る時も、読者の幸せポイントを越えた願いは叶える事はできません。

幸せポイントを越えて願いを叶えるのは、魔術です。魔術は、運の借金をしているのです。運の借金をすることを神仏は認めていません。しかし、龍や白蛇は神仏ではないので運の前借りをして願いを叶える事があります。

自分自身の運や幸せポイントがどれくらいあるかは自分ではわかりません。ですから、龍や白蛇に願いを叶えて貰うと、幸せポイントがマイナスになっている場合、地獄に落ちます。さらに、来世は劣悪《れつあく》な環境に生まれ変わります。龍や白蛇のような眷属に直接、願い事をすると幸せポイントがマイナスになることがあるのです。

『大開運』等の過去の5冊の著作で、絶対に眷属に願掛《がんか》けをするなと書いたのは、幸せポイントの借金をすることになるからです。

しかし、それでも龍や白蛇に願掛けする人が出てくるでしょう。ですから、説明はしました。その上で勝手に願掛《がんか》けをするならしてください。ただし、どんな結果になっても、私はその人を助けることは出来ません。子孫が代々、早死《はやじ》にして幸せポイントを返済することになっても、助けることは出来ません。

絶対神、最高神、天照大御神、総産土神社の主祭神、守護神、守護霊に頼んで龍や白蛇を間接的に必要があれば、神仏の判断で動かして貰うのです。それが唯一、安全な龍や白蛇の動かし方なのです。

あとがき

『大開運』や『大幸運』等の5冊書いた青林堂の開運本の読者からの相談を受けていて、龍や白蛇のような現世利益を与える存在のことも読者に説明する必要があると思いました。

この本は、神仏習合した現代密教の本ともいえます。

三面大黒天、弁財天、毘沙門天のような副作用のない仏様や守護霊に守護してもらう方法を今までの本では説明してきました。実際は、日本の仏は龍に化身したり、龍が仏になるのです。この本は、日本の神霊界の解説書です。中国や欧米、外国はその国ごとに神霊界の構造が違います。共通点は絶対神と最高神がいるということだけです。

読者の中には、悪因縁が重すぎて本人が努力をしたくても、きっかけすらつかめない人もいます。そこで、神仏、守護霊が守護するまでの間は、龍や白蛇を神霊界のエナジー・ドリンクやカフェインとして使うというのが、この本です。

ですから、龍や白蛇を常用して欲しくはありません。宗教家は、現世利益を否定するところがあります。インドでは、実利（アルマ）と悟り（ダルマ）の両方が大事だと考えます。

多神教は、現世利益を否定しません。インドでは仏教は、悟り（ダルマ）しかないのでほとんど信者がいないのです。現世利益のあるヒンズー教の多神教を仏教発祥の地、インド人の大半が信じています。

日本の仏教は、神道と結びついて現世利益を与えています。誰にでも寛容な日本の神様は、現世利益を否定しません。人々が、この世でも、あの世でも幸せになって欲しいと考えているのです。

この本は、一見すると御利益本に見えると思います。しかし、ベースは、スキル・アップと努力、そして神仏への祈りの3本立てです。真心のあるピュアな祈りがあり、努力とスキル・アップを続ける人に、神仏や守護霊は永続的なこの世とあの世と来世の幸せを与えるのです。

栄養剤として、龍や白蛇に頼りつつも、現実世界の努力は、絶対に忘れないでください。

私は、神仏や眷属《けんぞく》のことは書こうと思えば、何百冊でも書くことが出来ます。天使や天狗《てんぐ》の動かし方もあります。しかし、人間が知らない方が幸せになれることも多いのです。欲心で祈るなと言っても、必ず欲心で祈る人が出てきます。パワースポットやスピリチュアル本のブームが起こる前は、たくさんの神社やお寺に神仏がいました。けれど、最近は、神社やお寺に人々のエゴで呼び込んだ魔物が跋扈《ばっこ》するようになりました。

どんな有名な神社も、参拝者のエゴの心が呼び込んだ魔物がいます。そうしたエゴの魔物やマイナスの祈りと波長が合わない「for you」と四方良しの生き方をしてください。この龍の本は、数年前に元原稿を書き、出版を遅らせた本です。今後は、この本が売れれば、婚活の神様、神頼みで受験や就職試験に受かる本、コミュ力の神様、悪霊祓いの秘伝、運命大転換の秘法、そうした基本的な本を出していく予定です。

読者の相談で多いのは、お金や商売の問題、人間関係、健康の問題、結婚や家庭の問題です。お金や商売のことは守護霊と白蛇、家庭のことは先祖供養、結婚は縁結びの神仏とお墓、健康は龍が守護をすれば解決します。

悪霊祓いの本は、悪霊から身を護るための本です。あなたが、他人の悪霊を祓うことは出来ません。霊を扱う上で一番、大切なことは、リベラルアーツ（教養）と社会常識です。学問と社会常識がない人間が霊を扱うと破滅します。本で伝えられることは、限られているので青林堂でも開運セミナーをやろうと思います。

こうした本は、盗作される前提で、基本的なことは書いています。奥義は書いていません。龍を呼ぶとか、悪霊を祓う場合、失敗した時に、私が読者をケアできなければ危険すぎます。相談券も付けました。ＬＩＮＥで私の話も聞けます。けれど、私が顔と名前を覚え、何かあったら助けることが出来る人以外は、リスクがあることはやらない方が良いと思うのです。

霊能力があっても、偉くも何ともありません。開運させるのは、私ではなく神仏やあなたの守護霊です。悪霊を祓うのは、私ではなく神仏です。

この本は、守護霊のことはほとんど説明してありません。興味のある方は、私の過去の著作を読んでください。次の本は、（仮称）「神頼みで受験に受かる」か、（仮称）「婚活の神様」というテーマになると思います。読者の皆様の開運を心から祈念します。また、セミナーや次回作でお会いいたしましょう。

林雄介

著者略歴　林　雄介（はやし・ゆうすけ）

龍のトップ・ブリーダー。ラッキー・スピリチュアリスト。龍神塾塾長。宇宙神御用達。キャリア官僚出身の作家・評論家であり、宇宙随一《ずいいち》の運命改善法である開運蓄運学の大家。スピリチュアル、神道、仏教、東洋哲学と想念術を融合させた究極の開運法である蓄運開運法を発見。万民の願望を実現させてきた確かな実績により、全国の老若男女の読者にとどまらず、多くの政財界人、マスコミ、宗教家、占い師やスピリチュアリストからも、たくさんの相談が持ち込まれている。

早稲田大学政治経済学部卒、早稲田大学大学院（経済学修士）。大学在学中に国家公務員Ｉ種試験に合格し、農林水産省生産局で競馬監督課、食肉鶏卵課、飼料課等で国会答弁、法律案、予算案、質問主意書等を担当。全国自治体の知事や市町村長、議員、国会議員等のブレーンだけでなく、大手ＴＶ局や週刊誌の監修等、マスコミのブレーンも歴任。

受験＆就職指導、昇進試験＆資格試験指導、地域振興から選挙参謀、恋愛相談から宗教法人や占い師、スピリチュアル教室等の経営相談まで、小さなことから大きなことまで幅広く何でも、手がけているオールマイティーの文化人である。

主著・『大開運』、『大幸運』、『あなたもなれるライト・スピリチュアリスト入門』、『先祖供養で運勢アップ！』、『読むだけで神になれる本』、『読むだけで龍神とつながる本』（6冊とも青林堂）、『幸せ創造の達人』（ぱるす出版株式会社）、『魔法の経済学』、『スキルアップ経済学超入門』（2冊とも翔雲社）。『霞ヶ関の掟・官僚の舞台裏』（日本文芸社）、『省庁のしくみがわかると政治がグンと面白くなる』、『図解雑学・よくわかる政治のしくみ』、『図解雑学・よくわかる省庁のしくみ』（3冊ともナツメ社）、『絶対わかる法令・条例実務入門』、『絶対スキルアップする公務員の勉強法』、『公務員の教科書（算数・数学編）』、『ニッポンの農業』、『政治がわかる・はじめての法令・条例・政策立案入門』（5冊ともぎょうせい）、『政治と宗教のしくみがよくわかる本』、『宗教で得する人、損する人』（2冊ともマガジンランド）、『この通りにすれば受験にうかる』（たちばな出版）他、政治・法律・経済・宗教・心理学・受験分野の著書多数。

○林雄介のアメブロ：https://ameblo.jp/yukehaya22
○林雄介のライブドア・ブログ：http://blog.livedoor.jp/yukehaya/
○林雄介のＦＡＣＥＢＯＯＫ：https://www.facebook.com/yukehaya

その他の林雄介のツイッター、音声配信等の大量にある情報発信はブログ、ＦＢ等でご確認ください。なりすまし防止のため、相互リンクさせてあります。

林雄介による特別大開運祈祷、悪霊祓い修法（応募者全員プレゼント）＆相談券読者プレゼント

本書を買ってくださった方に、抽選で林雄介の開運神霊ミニ色紙や開運一言アドバイスをプレゼントします。

毎年、6月1日、12月1日締切りで半年に1回ずつ、この本が絶版になるまでプレゼントは続けます。

A賞は、真心で祈れば神仏が動かす龍や白蛇が守護するミニ守護色紙で毎回1名当選です。

B賞は、林雄介の開運一言アドバイスで毎回5名当選です。

当選者には、郵送で送ります。私が住所を書くので、郵便番号を忘れずに書いてくださ い。**毎回、郵便番号を書いていない人の番号を調べる手間に心が折れます。**

さらに応募者全員プレゼントで、応募者全員の願い事を林雄介が直接、開運祈祷、悪霊＆生霊祓い祈祷をします。

応募方法は、応募券を手紙に貼り、相談や祈祷願いを細かく書いて封書（書留やレター

パック・プラス、宅配便等での送付は出版社のご迷惑になるのでご遠慮ください）で、〒150―0002、東京都渋谷区渋谷3―7―6　株式会社・青林堂「『読むだけで龍神とつながる本』林雄介先生御相談係」まで送ってください。読者の個人情報を守るためにハガキの応募から封書の応募に変えました。著者本人が開封し、著者しか読みません。封書に名前すら書いていないと、安全のため開封せずに破棄する可能性がありますのでご協力をお願いいたします。

あなたの顔写真を使い、開運祈祷、悪霊《あくりょう》＆生霊《いきりょう》祓《ばら》いをやらせていただきます。写真は裏に名前を書いてください。住所と名前は何回も読み上げて祈祷するので必ずフリガナを書いてください。（写真とお手紙は祈祷終了後、完全に破棄《はき》します。数十冊以上購入者の方で希望者のみ住所と名前を定期祈祷用紙に残しますが、それ以外の方の住所や氏名は破棄します）

1、氏名（フリガナ）。2、郵便番号と住所（フリガナ）。3、年齢、生年月日。4、性別（書かなくても可）。5、メール・アドレスとLINEアドレス（QRコードか登録可能なLINEのIDを送ってください。IDを検索可能にしておいてください）。6、A賞または

Ｂ賞の希望するもの。７、祈祷内容（何をどうすれば良いのかをなるべく具体的に書いてください）**手紙は、すべて林雄介が目を通し、生霊《いきりょう》・邪霊《じゃれい》・悪霊祓《あくりょうばら》いと超開運祈祷《きとう》を行います。神仏が許せば、悪龍、悪蛇、黒蛇も祓っておきます。**８、著者への相談（林雄介へのご相談も書いてくだされば読みます。）

応募者が多すぎるので、手紙やメールで相談の回答をするのは不可能です。お返事はＬＩＮＥのトークで音声録音して送ります。

ただし、ＬＩＮＥで読者と個別のやり取りはしておりませんのでご了承ください。

ＬＩＮＥは、本ごと、購入冊数ごとにグループがあります。便宜上、グループに登録しますが、通知オフにして、無理に話を聞く必要はありません。ＬＩＮＥで話しかけられると祈祷や仕事の邪魔になるので全員ブロックして話しかけられないようにしてあります。また、グループに許可なく書き込むとグループから退会していただきます（再度、手紙をくだされば再登録します）

なるべく多くの方のご相談にお答えしたいので、ＬＩＮＥトークの音声で個別に返事をし、あとはグループに登録すると購入冊数に応じて、非公開セミナーや特別祈祷会、グループ別ＬＩＮＥミーティング等に参加できます。

林雄介の開運本、『大開運』、『大幸運』、『あなたもなれるライト・スピリチュアリスト入門』、『先祖供養で運勢アップ！』、『読むだけで神になれる本』、『読むだけで龍神とつながる本』は青林堂通販から購入することが出来ます。

青林堂通販では、購入者への御礼の直筆アドバイスカードや開運カード、龍や白蛇の御守、開運ミニ仏像等がきまぐれについてきます。また、林雄介が東京にいる時は、直筆サイン本の購入も可能です。（詳しくは著者のブログ等でご確認ください。１００冊まで同じ本を購入することが出来ます。１００冊以上、購入希望の方は備考に５００冊のように希望冊数を書いてくだされればお送りします。）

青林堂通販、「林雄介の開運本シリーズ販売」

http://japanism.cart.fc2.com/?ca=12

青林堂では、この本の出版記念セミナーをいつか開催する予定です。また、（この本が売れれば）これから出版する予定の『婚活の神様』、『神頼みで受験や就職試験に受かる本』、『コミュ力の神様』、『悪霊祓いの秘伝』、『運命大転換の秘法』（タイトルは仮称です）10冊、１００冊シリーズの神仏が守護する恋愛セミナーやコミュ力アップの神に祈るセミナー、龍の動かし方セミナー等の林雄介の各種セミナーを企画しています。セミナー参加には整理番号が必要です。

この本の整理番号は、S25529です。

＊応募券は2種類あります。1枚目は、この本の抽選用の応募券です。もう1枚は、青林堂の開運本10冊、100冊シリーズを完読された方だけでトークショー、お茶会、記念撮影会か、何かをやります。その時に5巻、10巻分まとめてお送りください。

林雄介
「読むだけで
龍神とつながる本」
応募券1口

林雄介
10冊完読プレゼント
1巻目（龍）
応募券1口

読むだけで龍神とつながる本

令和6年4月17日　初版発行
令和6年5月 5 日　第2刷発行

著　者　　林 雄介
発行人　　蟹江幹彦
発行所　　株式会社　青林堂
〒150-0002　東京都渋谷区渋谷 3-7-6
電話　03-5468-7769
装　幀　　(有) アニー
印刷所　　中央精版印刷株式会社

Printed in Japan

ISBN978-4-7926-0760-9

大開運

著：林雄介

金運、出世運、異性運、健康運、ありとあらゆる大開運のための秘伝満載のノウハウ本

1760円（税込）

大幸運

著：林雄介

生霊を取り祓い、強い守護霊をつければ誰でも幸運になれる、その実践方法を実際に伝授

1870円（税込）

あなたもなれるライト・スピリチュアリスト入門

著：林雄介

読むだけで、幸運になれる奇跡の本。
世界一簡単な開運スピリチュアル入門！

1760円（税込）

先祖供養で運勢アップ！

著：林雄介

繁栄する家族はご先祖に感謝している
開運伝道師の林雄介が、ご家族に幸運をもたらす指南本

1760円（税込）

読むだけで神になれる本

著：林雄介

日々、勉強・努力して、神仏と守護霊に祈れば
誰でも幸せになれるのです。

1870円（税込）